Edita: Planeta DeAgostini, S.A.
Realización editorial: (sic) idea y creación editorial, s.l.
Diseño: El taller interactivo, s.l.

Producción fotográfica de las recetas: Gastromedia, S.L.
(www.gastromedia.es)
Fotógrafos: Christian Martínez Kempin y Pablo G. Sarompas
para Gastrofotos (www.gastrofotos.com)
Agradecimientos: Restaurante El Fogón de Zein, Restaurante
Urrechu, Porcelanas Bidasoa.


c/o Guillermo Schavelzon & Asoc., Agencia Literaria
e-mail: info@schavelzon.com


ISBN: 84-674-0959-2
Déposito legal: NA-2149-2004

Imprime: Gráficas Estella
Impreso en España

*Cocinar con*

# INÉS Y SIMONE ORTEGA

## Postres y pasteles

# Presentación

Si existe, en cocina, un placer sencillo y al alcance de todos, éste es el de preparar postres caseros. Para muchos de nosotros, una buena comida no se concibe sin un buen postre y, además, las tartas, pasteles, cremas, compotas y bizcochos dan la medida de un buen cocinero. En este volumen encontrará recetas sencillas y con éxito asegurado.

Para cocinar pasteles hay que conocer las técnicas básicas para elaborar masas y rellenos, lo que nos ayudará a improvisar nuestras propias recetas. Hacer glaseados, gelatinas, saber preparar una crema pastelera... son trucos que harán de nuestros postres algo muy personal. La base es fundamental: si somos capaces de hacer un buen bizcocho, lo principal ya lo tenemos, el resto es imaginación y decorarlo deliciosamente. Pero si no somos muy atrevidos, siempre podemos recurrir a masas congeladas, tipo hojaldre o masa quebrada, y rellenarlas a nuestro antojo. Con todo, una tarta de cumpleaños siempre será mejor si la hacemos nosotros mismos. Incluso hay quien se atreve a elaborar turrones y mazapanes caseros por Navidad.

Uno de los postres favorito de los niños para preparar en casa son los merengues. En estas páginas verá lo sencillos que son de preparar: a base de claras batidas, que deben quedar doradas y crujientes por fuera y blandas por dentro, ideales para los más golosos de la casa. En verano, los helados y las gelatinas harán las delicias de todos, grandes y pequeños, además de no engordar y de ser unos postres muy sanos.

En este volumen también le animamos a descubrir el mundo de la repostería, y para los que tengan problemas de peso, siempre cabe la posibilidad de sustituir la nata por leche o el azúcar por edulcorante, de modo que todos puedan disfrutar de los postres que les proponemos. Todas las recetas se explican paso a paso, para que le resulten sencillas, y aunque siempre encontrará algún postre algo más complicado de realizar, el resultado será tan dulce y sabroso que estamos seguros de que el esfuerzo le habrá valido la pena.

# Sumario

# *Técnicas culinarias*

## El horno en pastelería



## El caramelo en repostería



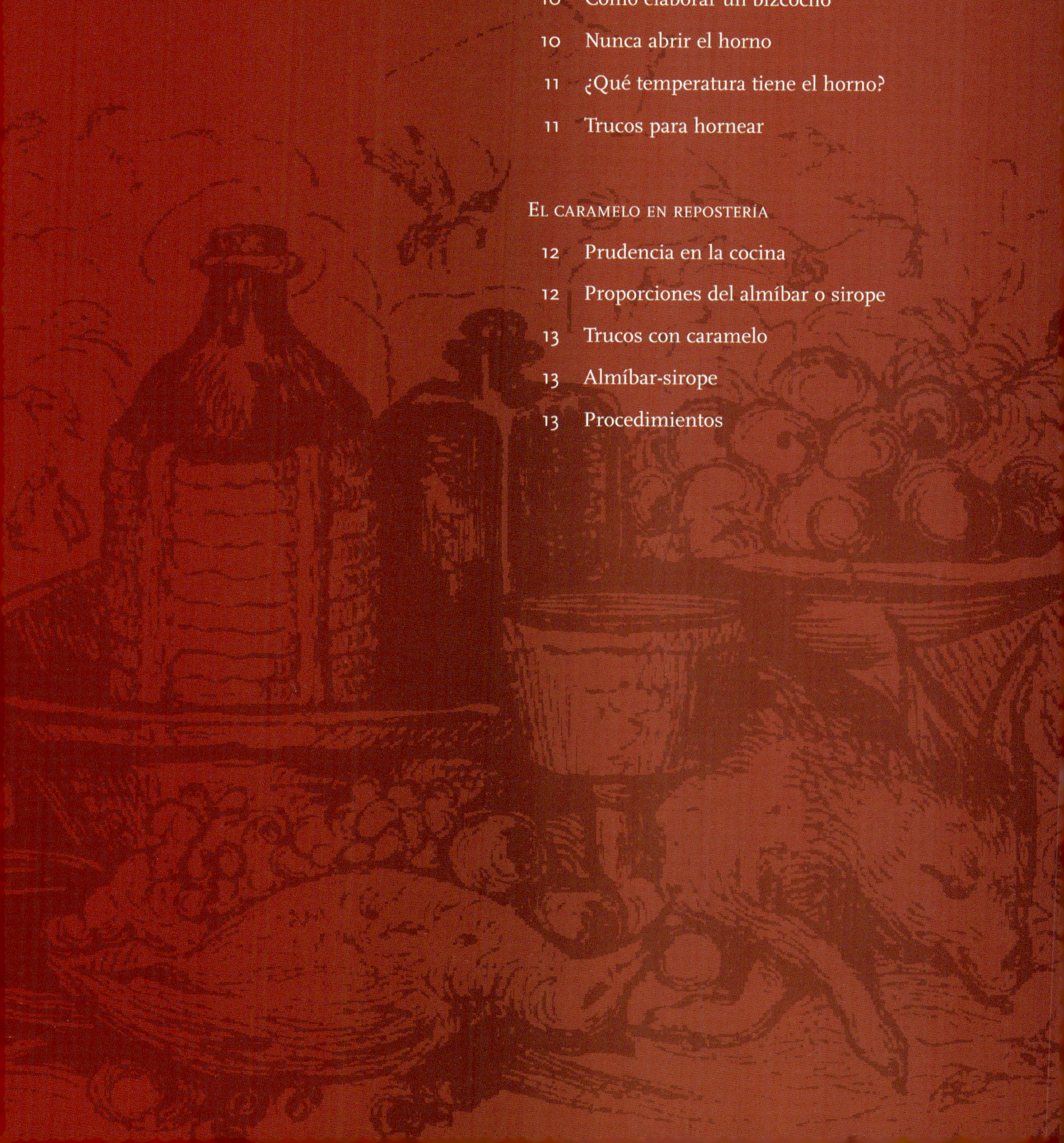

# *El horno en pastelería*

El papel del horno es fundamental en pastelería, pues las cocciones varían de un horno a otro. Cada horno presenta ventajas e inconvenientes. El horno microondas, por ejemplo, resulta perfecto para la cocción de las frutas, tomando unas pequeñas precauciones, como la de pinchar las frutas para que no exploten o quitarles el hueso, y también es útil para derretir chocolate o mantequilla, mientras que para elaborar bizcochos es más recomendable el horno tradicional.

## CÓMO ELABORAR UN BIZCOCHO

1 Del bizcocho lo que más destaca es su esponjosidad. Para conseguirla conviene saber que la clara de los huevos es la principal responsable, ya que es la encargada de dejar encerradas las burbujas de aire que contiene un bizcocho. Estas partículas gaseosas se forman de la siguiente manera: primero, batiendo los huevos enteros más el azúcar hasta triplicar su volumen; luego, batiendo las yemas con el azúcar hasta duplicar su volumen; y por último, batiendo las claras más el azúcar hasta triplicar su volumen.

2 Estas burbujas de aire atrapadas por el huevo se mezclarán con la harina. La harina usada ha de ser floja y tamizada, ya que así adquiere más volumen.

3 También es importante para que el bizcocho quede más consistente que el batido se haga a velocidad media y continuadamente.

**Manga pastelera**

**Molde para bizcochos**

### NUNCA ABRIR EL HORNO

- Durante los 10 primeros minutos de cocción, es importante no abrir el horno, ya que el bizcocho no tiene todavía una estructura definitiva ni se ha formado una corteza sólida, y se podría bajar.
- Por otro lado, tenga en cuenta que en pastelería el horno nunca debe alcanzar una temperatura demasiado elevada.

## ¿QUÉ TEMPERATURA TIENE EL HORNO?

Aunque su termostato esté averiado, siempre hay posibilidades de saber cuál es la temperatura. Para ello bastará con que precaliente el horno 15 minutos y después meta en él una hoja de papel. Si el papel sólo toma un color amarillento, el horno tendrá una temperatura media, si tira a marrón está caliente y si se vuelve negro quiere decir que está muy caliente. En cuanto al tiempo de cocción, las pastas y pasteles de tamaño pequeño estarán hechos cuando se despeguen con facilidad de la plancha. Levante uno con la espátula para verificar que estén. Retírelos entonces en seguida de la plancha, ya que el calor residual puede endurecerlos.

### TRUCOS PARA HORNEAR

- Si la cocción por la parte de abajo es demasiado fuerte, intercale una plancha metálica o cambie durante 10 minutos la posición pasándola a la de arriba.
- Si la temperatura del horno es demasiado alta, se formará una especie de costra en la superficie antes que el bizcocho haya subido y quedará compacto. Si por el contrario la temperatura es demasiado baja, la masa permanecerá húmeda.
- Si piensa utilizar un molde nuevo, deberá introducirlo vacío 15 minutos en el horno muy caliente antes de usarlo por primera vez.
- Los hornos eléctricos deben precalentarse durante al menos 15 minutos. El horno estará listo cuando el testigo de temperatura se haya apagado.
- Aunque la receta no lo mencione expresamente, los hornos de gas también deben de precalentarse para que el calor quede bien repartido en el momento de meter el pastel en el horno. Bastarán 5 minutos para precalentarlo.
- Si piensa utilizar un molde nuevo, métalo vacío durante 15 minutos en el horno muy caliente antes de emplearlo por primera vez.

# El caramelo en repostería

El caramelo es muy utilizado en los postres. Elaborado en diversos estados de cocción, sirve para caramelizar moldes, perfumar la leche, cubrir helados, para dar brillo a pasteles... Además de dulzura, siempre aporta un toque de vistosidad a los platos.

A partir de 150°C, el azúcar va tomando color progresivamente: primero un rubio pálido, luego más pronunciado; es entonces cuando empieza a oler a caramelo. Si lo dejamos más tiempo, se volverá más oscuro y amargo y no podremos utilizarlo en pastelería.
La cocción del azúcar hasta llegar a transformarse en caramelo le quita su poder endulzante. No olvide que, por tanto, deberá añadir azúcar a sus preparaciones.
Si el azúcar cristaliza en las paredes del cazo en el momento en que empieza a calentarse, debemos derretir estos cristales, empleando para ello un pincel empapado en agua caliente. Bastará con que una sola mota de azúcar cristalizado caiga en el azúcar hirviendo para que la masa se cristalice por completo y quede estropeado el caramelo. Por esta misma razón no hay que remover el azúcar cuando está hirviendo.
Procure no hacer caramelo directamente en el molde porque puede acabar estropeándose y, por supuesto, evítelo si es un molde con revestimiento antiadherente. Si quiere evitar que en el fondo de su molde quede una capa demasiado gruesa, mueva el molde hasta que el caramelo se endurezca; así, caerá por las paredes del molde. No utilice un caramelo demasiado oscuro porque resultará amargo y estropeará el sabor de su postre.

### PRUDENCIA EN LA COCINA

La elaboración de caramelo puede dar algún disgusto si no se toman las medidas adecuadas. Sea siempre prudente: proteja sus manos y, sobre todo, no agregue agua fría para enfriar el caramelo, porque en tal caso las salpicaduras estarán garantizadas.

### PROPORCIONES DEL ALMÍBAR O SIROPE

#### Frutas en almíbar

Para preparar frutas en almíbar (como los melocotones) se utilizará agua y azúcar al 50%.

#### Sorbetes y granizados

Para la elaboración de sorbetes y granizados, la proporción debe ser del 60-65 % de agua y el resto de azúcar.

#### Tocinillos de cielo

Para preparar tocinillos de cielo, tan sólo pondremos un 35% de agua sobre un 65% de azúcar.

## TRUCOS CON CARAMELO

- Si añadimos algún elemento ácido (limón o vinagre), evitaremos que el almíbar se cristalice al enfriar.
- Podemos elaborar un almíbar sustituyendo el azúcar por miel o por glucosa. También podemos preparar un sirope añadiendo otras materias como pueden ser hierbas aromáticas, cacao, frutas o frutos secos.
- Para conseguir un caramelo de color claro añada una cucharada de mantequilla cuando empiece a tomar color.
- Para obtener un caramelo líquido escurra medio limón sobre el caramelo ya cristalizado.
- Si tiene que forrar un molde, precaliente el molde vacío en el horno y mójelo con un poco de agua. De este modo, el caramelo no se pegará en el molde.

### ALMÍBAR-SIROPE

Es una mezcla de agua con azúcar, en determinadas proporciones, y que alcanza una mayor o menor densidad según el tiempo que se tenga al fuego. Se utiliza para bañar bizcochos, tapizar moldes y para hacer con él ciertas preparaciones. Su base es, por tanto, agua y azúcar cocidos juntos. Los almíbares se deben cocer a fuego suave y remover continuadamente para evitar la posible aparición de cristalizaciones por la incorrecta disolución del azúcar.
Realmente, la diferencia entre almíbar (o jarabe) y sirope es cuestión de densidad, porque el sirope no es más que uno de los puntos que puede alcanzar el almíbar.
Los almíbares flojos (es decir, con menor cantidad de azúcar) deben conservarse en frío, ya que existe el riesgo de que fermenten, algo que no ocurre con los de mayor densidad, que podremos conservar sin ningún problema en la despensa, gracias al poder conservante del azúcar.

### PROCEDIMIENTOS

#### Cómo perfumar la leche

Disuelva el azúcar como se expuso anteriormente, pero agregue un decilitro de agua caliente en cuanto alcance el color deseado. Vuelva a ponerlo sobre el fuego durante unos minutos sin dejar de remover. Vierta este caramelo en la leche (tres cuartos de litro). Luego podrá utilizar ésta para hacer unas natillas, una crema pastelera o un flan.

#### Cómo caramelizar un molde

Se necesitan 125 g de azúcar y tres cucharadas de agua. Remueva con una espátula para disolver el azúcar a fuego mediano y vaya aumentando el fuego hasta que empiece a hervir. A partir de este momento, no remueva e incline el cazo por todos sus lados para repartir el calor. En cuanto alcance un color caramelo, retírelo del fuego y viértalo en un molde caliente.

#### Cómo decorar postres

Para decorar suele utilizarse un caramelo bastante claro, que se va echando poco a poco sobre el postre que queramos decorar. Si se trata de frutas, pínchelas con un palillo, sumérjalas un instante en el caramelo claro y luego deje que éste se endurezca.

# *Cremas y compotas*

# Áspic de melón e higos

**Tiempo de preparación: 35 minutos, más el tiempo de nevera**
**Para 4 personas**

150 g de queso Emmental
12 lonchas finas de jamón serrano
1 melón
4 higos frescos
1 sobre de gelatina en polvo
10 cl de vino de Oporto
Hojas de perejil

- Prepare medio litro de gelatina siguiendo las instrucciones indicadas en el paquete y, cuando esté aún caliente, incorpore el Oporto para aromatizarla.
- En el fondo de cuatro flaneras individuales de cristal o porcelana, vierta 1 cm de gelatina templada y deje que se cuaje en la nevera.
- Mientras, pele los higos y córtelos en trozos. Abra el melón, retire las pipas y saque, con ayuda de una cucharita especial, la pulpa en bolitas. Cuando la gelatina haya cuajado, meta en los recipientes trozos de higo, bolitas de melón y alguna hoja de perejil. Vierta el resto de gelatina encima hasta llenar casi del todo las flaneras e introdúzcalas en la nevera.
- En el momento de servir, meta unos segundos el fondo de las flaneras en agua caliente y despegue las paredes pasando todo alrededor la hoja de un cuchillo redondeada y desmolde un áspic sobre cada plato. Corte el Emmental en lonchas finas y altérnelas alrededor del áspic con el jamón. Decore con algunas hojas de perejil.

# Gelatina de frutas

**Tiempo de preparación: 15 minutos, más 5 horas de nevera**
**Para 6 personas**

500 g de fruta variada
4 hojas finas de cola de pescado
20 cl de zumo de naranja
125 g de azúcar
10 cl de agua
3 cucharadas de ron o coñac

- Esta receta tiene que hacerla la víspera.
- Escoja frutas de temporada: manzanas, plátanos, melocotones, ciruelas, uvas y, sobre todo, fresas y frambuesas, pues son las que más destacan y dan un sabor especial. Pélelas, pártalas en trocitos y póngalas en un cuenco grande.
- Rocíe con el licor y déjelas macerar, removiéndolas de vez en cuando. En un cazo pequeño cueza el agua y el azúcar durante unos 4 minutos para hacer almíbar.
- En el zumo de naranja remoje las hojas de cola de pescado cortadas en trozos con tijera). Cuando esté el almíbar, únalo al zumo y revuelva hasta que la cola quede bien disuelta.
- En un molde redondo o de corona, forrado con papel de plata, vierta unos 2 cm de gelatina y llévelo a la nevera o al congelador, hasta que esté cuajado.
- Adorne con trozos de fruta, haciendo un bonito dibujo, eche el resto de la fruta, vierta gelatina por encima y métalo en la nevera. Al ir a servirlo, desmolde la gelatina de frutas.

# Bavaroise de melocotones en almíbar

**Tiempo de preparación: 30 minutos, más 3 horas de nevera**
**Para 6 personas**

| | |
|---|---|
| 500 g de melocotones en almíbar | 1 cucharadita de maicena |
| 50 cl de leche | 5 hojas finas de cola de pescado |
| 150 g de azúcar | Aceite |
| 4 huevos | Sal (un pellizco) |

1 Como la elaboración de la bavaroise resulta muy larga y además exige un tiempo de reposo en la nevera para cuajarse, es preferible hacerla siempre la víspera.

2 Ponga la leche a cocer con la mitad del azúcar. Mientras, mezcle en un tazón las yemas, el resto del azúcar y la maicena y bátalo muy bien. Cuando la leche empiece a hervir, coja un poco con un cucharón y viértalo, muy poco a poco, en el tazón, moviendo bien para que no se cuajen las yemas.

3 Vierta lo del tazón en el cazo de la leche, dando vueltas continuamente con una cuchara de madera. Déjelo a fuego suave hasta que espese un poco (sin que cueza, pues se cortarían las natillas). Sepárelo del fuego y reserve en sitio fresco, moviendo de vez en cuando para que no se forme costra en la superficie.

4 Abra la lata de melocotones, escurra el almíbar en un cazo y resérvelo, así como una mitad de melocotón para el adorno. Lo demás tritúrelo con un pasapurés grande, para que el melocotón no quede demasiado fino. Mezcle este puré con las natillas.

5 En el cazo del almíbar, remoje la cola de pescado cortada en trozos pequeños. Caliéntela a fuego suave (sin que cueza, pues adquiere mal gusto) hasta que esté bien deshecha. Viértala, poco a poco, en las natillas y déle vueltas hasta que esté casi frío.

6 Bata las claras de huevo a punto de nieve muy firme, con sal (un pellizco), y mézclelas suavemente con las natillas. Vierta la mezcla en un molde o flanera, previamente untado con aceite fino y bien escurrido lo sobrante.

7 Métalo en la nevera, por lo menos 3 horas antes de servir. Cuando vaya a llevarlo a la mesa, desmóldelo y vuélquelo en una fuente. Adorne con el melocotón reservado cortado en gajitos.

### Inés y Simone le aconsejan:

Desmóldelo pasando un cuchillo de punta redonda alrededor. Si no saliese fácilmente del molde, separe un poco la bavaroise de las paredes de aquél ayudándose con la punta del cuchillo: así entrará aire y podrá desmoldarla.

# Compota de manzanas, soletillas y nata

**Tiempo de preparación: 30 minutos, más el tiempo de nevera**
**Para 6 personas**

1,5 kg de manzanas Reineta
16 soletillas
250 g de nata montada
3 cucharadas de azúcar
10 cl de agua
**Para el caramelo**
3 cucharadas de azúcar
Agua fría
**Para el adorno**
Almendras garrapiñadas o caramelo

1 Corte las puntas de las soletillas de un solo lado para que queden rectas.

2 En un cazo pequeño, caliente 3 cucharadas de azúcar con un poco de agua y prepare un caramelo. Cuando esté dorado, moje en él las soletillas de una en una, pero sólo por la parte cortada y hasta una altura de unos 2 cm.

3 Rápidamente, péguelas derechas en la fuente de porcelana o loza donde vaya a servir el postre, y forme con ellas un redondel. Tendrán que mantenerse de pie al enfriarse el caramelo.

4 Aparte, pele, corte y quite los centros de las manzanas y póngalas en un cazo con tres cucharadas de azúcar y 10 cl de agua. Cuézalo muy bien para que se deshaga la fruta y quede hecha compota, sin nada de caldo. Póngala a enfriar en la nevera.

5 En el momento de servir, vierta la compota en el centro de las soletillas, cúbrala con nata y adorne con un picadito de almendras garrapiñadas o con unos hilos hechos con caramelo batido con un tenedor cuando esté empezando a dorarse. Sírvalo en seguida, pues la compota irá ablandando las soletillas y se caerán.

## Inés y Simone le aconsejan:

Es muy importante que la compota no tenga caldo. Si le quedase con algo de líquido, escúrrala. para ello, póngala en un paño de cocina, una las cuatro esquinas y déjelo colgado en vilo durante unos 10 minutos. También puede escurrirla en un colador de tela metálica.

# Compota de peras caramelizada

**Tiempo de preparación: 30 minutos**
**Para 4 personas**

4 peras
30 g de almendras en láminas
200 g de azúcar en polvo
5 cucharadas de agua
1/2 limón (el zumo)
30 g de margarina

- Dore las láminas de almendra en una sartén pequeña y resérvelas.
- En un cazo, ponga el azúcar con las cucharadas de agua y el zumo de medio limón a cocer hasta obtener un caramelo de color claro.
- Mientras se hace el caramelo, vaya pelando las peras, córtelas en cuatro y retíreles el corazón y las pepitas. Cuando el caramelo esté en su punto, añada los cuartos de pera cortados en trozos o cubos y la margarina en trocitos. Tape y deje que cueza unos 15 minutos.
- Pase la compota a cacharritos individuales y reparta sobre ella las láminas de almendra. Deje que se temple antes de servir.

# Compota de piña y fresón

**Tiempo de preparación: 30 minutos**
**Para 4 personas**

1 piña
20 cl de agua
1 cucharada de azúcar (o más según el guste)
400 g de fresones

- Pele la piña, córtela en cuatro a lo largo, retire la parte más dura del centro y corte la carne en trozos de 1 cm. Ponga el agua a hervir junto con el azúcar y eche en ello los trozos de piña y deje que cueza suavemente durante 20 minutos.
- Lave, seque y quite los rabos de los fresones y si fuesen muy grandes córtelos por la mitad. Mezcle la compota de piña caliente con los fresones fríos y deje enfriar antes de servir.

### Inés y Simone le aconsejan:

Se comercializan unos aparatos especiales para pelar y quitar los centros de la piña que puede resultar una buena inversión si come piña con frecuencia. Si está a dieta, sustituya el azúcar por algún edulcorante.

# Crema chiboust

**Tiempo de preparación: 45 minutos**
**Para 4 personas**

65 g de harina
150 g de azúcar en polvo
Sal (un pellizco)
5 yemas de huevo
4 claras de huevo
50 cl de leche
1 ramita de vainilla

- Mezcle la harina con el azúcar y el pellizco de sal, añada las yemas de huevo y bata con las varillas para que quede bien mezclado.
- Agregue la leche previamente dejada en infusión 30 minutos con la barrita de vainilla.
- Cueza sin dejar de remover con las varillas durante 5 minutos, retírelo del fuego y agregue a esto las claras previamente montadas a punto de nieve muy firme.
- Introdúzcalo en la nevera para que se enfríe antes de servir.

# Crema cuajada

**Tiempo de preparación: 30 minutos**
**Para 4 personas**

1 l de leche
8 yemas de huevo
6 cucharadas de azúcar
1 limón (la cáscara)
2 cucharadas de maicena
100 g de nata montada
50 g de frambuesas

- Ponga en un cazo la leche a hervir con 4 cucharadas de azúcar y la cáscara de limón.
- Aparte, bata en una ensaladera las 8 yemas con 2 cucharadas de azúcar y la maicena. Bata bien y, cuando esté sin grumos, coja un cucharón de leche del cazo cuando esté empezando a cocer y viértalo muy despacio sobre las yemas. Una vez bien desleído, vierta esto en el cazo, baje un poco el fuego y, sin dejar de remover, deje cocer 5 minutos muy suavemente.
- Vierta la crema en unos recipientes individuales, colándola antes por el chino, y déjela enfriar. A continuación introdúzcala en la nevera hasta que cuaje.
- Sáquela en el momento de irla a servir y decore con un montoncito de nata montada en el centro y, sobre ello, una frambuesa.

# Crema de naranja con fresón

**Tiempo de preparación: 35 minutos**
**Para 4 personas**

25 cl de zumo de naranja
25 cl de leche
6 yemas de huevo
100 g de azúcar en polvo
1 naranja (la cáscara rallada)
150 g de fresones

- Bata en un cazo el azúcar y las yemas de huevo hasta que la mezcla quede blanquecina.
- Añada la cáscara de naranja y la leche y cueza todo a fuego lento, removiendo sin cesar y sin dejar que hierva como si fuesen unas natillas ya que esta crema debe de tener la consistencia de unas natillas más bien líquidas.
- Apártela del fuego, viértala en una ensaladera y deje enfriar.
- Lave, seque y quite los rabos a los fresones y córtelos por la mitad o en cuatro si fuesen muy grandes. Repártalos sobre la crema de naranja.

# Crema de chocolate

**Tiempo de preparación: 35 minutos, más el tiempo de nevera**
**Para 6 personas**

8 onzas de chocolate sin leche
1 l de leche
3 yemas de huevo
1 y 1/2 cucharada de maicena
6 cucharadas de azúcar
3 ó 4 cucharadas de agua caliente

**Para el adorno**

2 claras de huevo
2 cucharadas de azúcar
10 almendras tostadas

- En un cazo pequeño, ponga el agua y el chocolate a fuego muy lento para que se deshaga sin cocer. Muévalo de vez en cuando.
- En un cazo grande, cueza la leche con 4 cucharadas de azúcar; muévalo para que ésta no se quede en el fondo.
- Mientras empieza a cocer, ponga en un tazón las yemas, la maicena y el resto de azúcar. Muévalo bien y, cuando la leche empiece a hacer burbujas alrededor de las paredes del cazo, coja un poco y añádala muy despacio a la mezcla del tazón, moviendo constantemente.
- Vierta, removiendo, el contenido del tazón en el cazo de la leche. Añada también el chocolate derretido. Mézclelo todo durante unos 3 minutos, pero sin que cueza a borbotones. Separe la crema del fuego, déjela templar y cuélela por un pasapurés o un chino. Métala en la nevera o en sitio fresco hasta el momento de servir.
- Para el adorno de la crema, con ayuda de una cuchara (no con el aparato de montar las claras) monte 2 claras de huevo a punto de nieve bien firme y mézclelas con 2 cucharadas de azúcar. Coloque montoncitos de este merengue encima de la crema y espolvoréelos con las almendras picadas algo grandes.

# Crema de peras en molde

**Tiempo de preparación: 1 hora**
**Para 6 personas**

| | |
|---|---|
| 1 l de leche | 150 g de azúcar |
| 1 barrita de vainilla | 4 peras bien maduras |
| 8 huevos | 5 cl de aguardiente de pera |

- Ponga la leche a cocer junto con la barrita de vainilla. Bata los huevos enteros con el azúcar en una mezcla esponjosa, vierta la leche poco a poco por encima.
- Pele y quite las simientes a las peras y córtelas en dados pequeños, agréguelas a la crema junto con el aguardiente y vierta todo en una flanera o recipiente de suflés, y cueza en el horno suave (150 °C) y al baño María durante 60 minutos.
- Deje que se enfríe y desmolde después de haber pasado la lámina de un cuchillo de punta redonda todo alrededor para que se despegue bien.

### Inés y Simone le aconsejan:

Para que las peras resulten más tiernas puede cocerlas antes de agregarlas, pero no en exceso, porque deben de quedar enteras. Las peras más convenientes para este postre son las de agua o amarillas de Roma.

# Mermelada de pera

**Tiempo de preparación: 60 minutos**
**Para 4 personas**

| | |
|---|---|
| 1 kg de peras | 800 g de azúcar |
| 20 cl de agua, más un poco para hervir las peras | 1 limón (el zumo) |
| | 1 ramita de vainilla |

- Pele las peras y pártalas en cuartos. En una cacerola con agua hirviendo a borbotones, eche los cuartos de pera y déjelos 2 minutos (a partir de cuando vuelva a hervir).
- En otro cazo, ponga el azúcar con el vaso de agua a calentar y, cuando lleve 3 minutos cociendo, eche los cuartos de pera bien escurridos, el zumo de limón y la cáscara del limón rallada. Añada también la ramita de vainilla y deje que cueza a fuego vivo.
- Al cabo de unos 45 minutos, sepárelo del fuego y métalo en botes de cristal de cierre hermético y previamente esterilizados.

# Crema pastelera de moka

**Tiempo de preparación: 25 minutos**
**Para 4 personas**

4 claras de huevo
4 cucharadas de azúcar en polvo
100 g de mantequilla
4 ó 5 cucharadas de café bien fuerte

- Monte las claras de huevo a punto de nieve firme e incorpore, una vez que ya hayan subido, el azúcar en polvo. Ponga todo ello en una cacerola a fuego suave y remueva sin parar. Cuando, al introducir la punta del dedo, se tenga sensación de calor fuerte, será suficiente.
- Amase en una ensaladera la mantequilla para que adquiera consistencia de pomada y vaya incorporando poco a poco las claras de huevo calientes. Cuando estén todas incorporadas, añada, cucharada a cucharada, el café bien fuerte.
- Sírvala en recipientes individuales acompañada con unas lenguas de gato.

### Inés y Simone le aconsejan:

Esta crema resulta también muy rica para rellenar un brazo de gitano. Lo mejor es montar las claras con unas varillas eléctrica, ya que consiguen una consistencia más firme que las manuales.

# Mermelada de zarzamora

**Tiempo de preparación: 40 minutos**
**Para 8 personas**

2 kg de zarzamoras
2 kg de azúcar
2 cucharaditas de zumo de limón
10 cl de agua

- Lave las zarzamoras con cuidado de no deshacerlas. Póngalas en una cacerola con el agua y el zumo de limón y déjelas hervir a fuego lento hasta que la fruta esté blanda. Añada entonces el azúcar y revuelva bien con una cuchara de madera para disolverla. Suba la intensidad del fuego y déjelo hervir hasta que vea que la mermelada ha alcanzado su punto.
- Retire la espuma y vierta la mermelada de zarzamora en los frascos. Tápelos con un redondel de papel blanco mojado en alcohol de 90° o con un poco de parafina derretida. Sobre la embocadura del frasco, coloque un redondel de papel pergamino y átelo con una cuerda fina, previamente mojada para que al secarse encoja y cierre bien.
- Si desea eliminar las semillas de la zarzamora antes de preparar la mermelada, pase la fruta por un cedazo, pese luego la pulpa obtenida y añada igual peso de azúcar que de pulpa. También puede agregar algo de manzana para mejorar el cuajado.

# Espumoso de Cointreau

**Tiempo de preparación: 15 minutos**
**Para 4 personas**

| | |
|---|---|
| 4 huevos | 130 g de azúcar |
| 3 cl de Cointreau | 100 g de nata montada |

- Ponga en un cazo las yemas de huevo con el azúcar. Remueva sin cesar sobre el fuego suave hasta que la mezcla quede lisa y untuosa, pero sin que llegue a hervir. Separe el cazo del fuego y añada el licor: la mezcla se espesará en seguida.
- Deje que se enfríe y bata las claras a punto de nieve firme e incorpórelas a la crema junto con la nata montada, con cuidado de que no se bajen.
- Reparta la espuma en copas e introdúzcala en la nevera para servirla lo más fresca posible.

# Mousse de chocolate

**Tiempo de preparación: 20 minutos, más 1 hora de nevera**
**Para 6 personas**

| | |
|---|---|
| 125 g de chocolate | 3 cucharadas de azúcar molida |
| 3 cucharadas de leche fría | 75 g de mantequilla |
| 3 yemas de huevo | Sal (un pellizco) |
| 4 claras de huevo | |

- En un cazo, ponga el chocolate partido en trozos con la leche. Manténgalo a fuego suave hasta que el chocolate esté derretido. Retire del fuego e incorpore la mantequilla en trozos.
- En un tazón, mezcle las yemas con el azúcar, moviendo bien hasta que queden espumosas. Añada el chocolate y remueva para mezclar todo e ir enfriando la crema.
- Bata las claras a punto de nieve muy firme con sal (un pellizco), e incorpórelas a la crema de chocolate cuando se haya enfriado por completo. Mezcle muy suavemente.
- Repártala en una ensaladera de cristal o en varios cacharritos, o copas bajas de champán, y métala en la nevera al menos durante 1 hora.
- Puede adornarla con nata o guindas y servirla acompañada de lenguas de gato.

### Inés y Simone le aconsejan:

Esta mousse quedará todavía más suave y esponjosa si sustituye una de las claras de huevo batidas a punto de nieve por un poco de nata montada.

# Flan de piña

**Tiempo de preparación: 1 hora y 15 minutos**
**Para 6 personas**

1 lata de piña de 500 g
150 g de azúcar
1 cucharada de maizena
1/2 limón (el zumo )
3 cucharadas de ron
6 huevos

**Para el caramelo**

100 g de azúcar
2 cucharadas de agua

- Prepare un caramelo con el azúcar y el agua y bañe con él el fondo y las paredes de un molde de unos 22 cm de diámetro.
- Escurra la piña y caliente el jugo de la lata con el azúcar, removiendo hasta que quede bien incorporado. Añada la maizena, previamente disuelta, en el zumo de limón y el ron.
- Aparte, bata los huevos como para tortilla y agréguelos a lo anterior.
- Vierta esta mezcla en moldes individuales e introdúzcalos en el horno a temperatura media (180°C) durante 30 minutos.
- Sáquelo y deje que se enfríe antes de desmoldarlo y servirlo decorado con rodajas de piña.

# Crema de piña

**Tiempo de preparación: 35 minutos**
**Para 6 personas**

1 lata de piña de 500 g
50 cl de leche
25 cl de nata montada
200 g de azúcar
1 clara de huevo
4 yemas
1 cucharadita colmada de maizena

- Ponga la leche a cocer con la mitad del azúcar.
- Mientras, bata las yemas con el resto del azúcar y la maizena. Cuando la leche esté a punto de cocer, vierta un poco en el tazón y mezcle todo junto en el cazo.
- Vuelva a poner a fuego medio y, sin dejar de dar vueltas con una cuchara de madera, deje espesar un poco, sin que cueza, con cuidado de que no se corte.
- Aparte, vierta en un cazo el almíbar de la piña, cueza para reducirlo a la mitad y añada poco a poco a las natillas. Ponga el fondo del cazo en agua fría y, dando vueltas sin parar, deje templar y casi enfriar.
- Corte las rodajas de piña en trocitos e incorpórelas a las natillas.
- Monte la clara de huevo a punto de nieve firme con una pizca de sal, mézclela con la nata montada y luego incorpore ésta a la crema.
- Ponga esta crema sobre una rodaja de piña y sirva.

# Gelatina de uvas

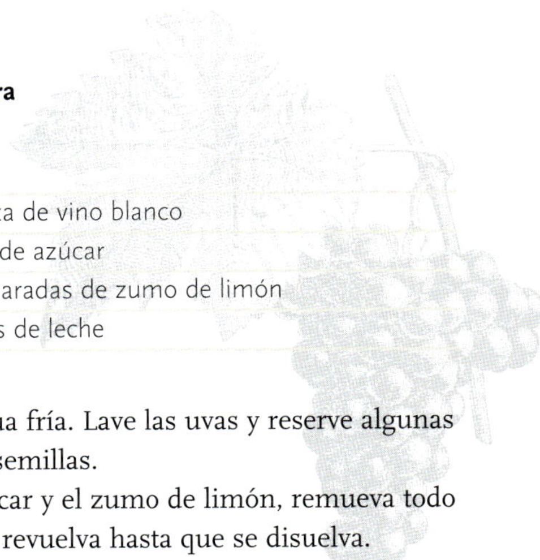

**Tiempo de preparación: 25 minutos, más 3 horas en nevera**
**Para 4 personas**

250 g de uvas blancas
250 g de uvas negras
6 hojas de cola de pescado
1 taza de mosto
1/2 taza de vino blanco
1 taza de azúcar
2 cucharadas de zumo de limón
2 tazas de leche

- Corte la gelatina en trozos y póngala en remojo en agua fría. Lave las uvas y reserve algunas para decorar. Parta por la mitad el resto y quíteles las semillas.
- Ponga en una cacerola el mosto, el vino blanco, el azúcar y el zumo de limón, remueva todo muy bien y caliéntelo. Escurra la gelatina, agréguela y revuelva hasta que se disuelva.
- Eche un poco de líquido en una copa grande de cristal y espere a que cuaje un poco.
- Ponga una capa de uvas. Añada otro poco del líquido y repita las mismas operaciones, hasta terminar con las uvas y la gelatina. Guárdela en la nevera por lo menos 3 horas.
- Antes de llevar a la mesa decore con las uvas reservadas y unas hojas de menta fresca.

# Gelatina de fresas con cubitos de melocotón

**Preparación 15 minutos, más 12 horas de nevera**
**Para 4 personas**

2 sobres de gelatina en polvo con sabor a fresa (o 2 cucharadas )
600 g de fresones
3 melocotones
750 g de naranjas
2 limones (el zumo)
200 g de azúcar

- Exprima el zumo de las naranjas y mézclelo en una cacerola con el de limón y el azúcar. Déjelo cocer a fuego suave, removiendo con una cuchara de madera, hasta que el azúcar haya quedado bien incorporado.
- Deje que hierva 1 minuto y añada entonces la gelatina, retire la cacerola del fuego y remueva bien para incorporarla a la mezcla.
- Lave los fresones, quíteles los rabos y páselos por la batidora hasta reducirlos a puré. Agréguelos a la mezcla de zumos y gelatina y deje que se temple.
- Vierta el zumo en copas y guárdelo en la nevera al menos 12 horas (lo mejor es meterlo la noche anterior).
- En el momento de servir, pele los melocotones y córtelos en cubitos. Repártalos en las copas por encima de la gelatina y sírvalo en seguida.

# Melocotones en gelatina

**Tiempo de preparación: 20 minutos**
**Para 4 personas**

4 melocotones o nectarinas
125 g de azúcar
1 naranja (el zumo)
1 limón (el zumo)
1 ramita de vainilla
50 cl de agua
25 cl de cerveza
2 ramitas de hierbabuena
4 hojas de gelatina fina

- Ponga en remojo las hojas de gelatina partidas en trozos en un poco de agua. Corte los melocotones sin pelar en láminas más bien finas. Resérvelas.
- Ponga el agua calentar con la cerveza, la vainilla el azúcar, el zumo de naranja, el zumo de limón y la mitad de la hierbabuena. Filtre.
- Mezcle con esto la gelatina escurrida y remueva hasta que se deshaga y quede bien incorporada, pero evitando que cueza.
- Vierta este almíbar cociendo sobre las láminas de melocotón y déjelo en la nevera hasta el momento de servir. Decore con el resto de hojas de hierbabuena.

# Gelatina de naranja

**Tiempo de preparación: 10 minutos, más 5 horas de nevera**
**Para 8 personas**

1l de zumo de naranja
5 hojas finas de cola de pescado
4 ó 5 cucharadas de azúcar
Agua fría
Gajos de naranja
250 g de nata montada

- Disuelva en un cazo pequeño la cola de pescado (o de gelatina) con un poco de agua, y póngalo a fuego suave sin que llegue a hervir, pues tendría mal sabor.
- Cuando esté caliente, añada el zumo de naranja, caliente a fuego muy lento y agregue el azúcar. Una vez bien machacados todos los ingredientes, aclare un molde con agua fría sin secarlo, vierta en él la gelatina y llévelo a la nevera hasta ésta se cuaje.
- Para servir, desmóldelo pasando un cuchillo todo alrededor del molde y vuélquelo en una fuente. A veces hay que levantar un lado del molde y con el cuchillo hacer un poco de palanca para que entre el aire, pues este tipo de postres hacen ventosa y no bajan solos.
- Adorne con la nata puesta en una manga pastelera y unos gajos de naranja.

# Mousse de café con almendras

**Tiempo de preparación: 25 minutos más 2 horas de nevera**
**Para 4 personas**

1 brik de nata líquida
100 g de azúcar
2 yemas
3 claras
1 y 1/2 cucharada de maicena
1 cucharada de Nescafé
50 g de almendras tostadas y picadas (o mejor garapiñadas)
Sal

1 En un cazo, ponga a hervir casi toda la nata líquida con más de la mitad del azúcar. Reserve un poco de nata.

2 Aparte, en un tazón, ponga la maizena y disuélvala con el poco de nata reservado. Una vez mezclada y disuelta la maicena, viértala en el tazón de las yemas. Mezcle todo muy bien.

3 Cuando la nata esté caliente, viértala poco a poco en el tazón, sin dejar de mover con ayuda de una cuchara de madera. Después, incorpore esta mezcla al cazo y déjelo cocer unos 3 ó 4 minutos, sin dejar de dar vueltas.

4 Aparte y resérvelo en sitio fresco para que se enfríe la crema. Cuando la crema esté casi fría, bata las claras a punto de nieve firme con un pellizco de sal e incorpórelas con cuidado, para que no se baje.

5 Sírvala en cuencos individuales e introduzca éstos en la nevera de 2 a 3 horas. No es conveniente dejarlos más tiempo, pues la mousse se volvería algo líquida.

## Inés y Simone le aconsejan:

Para la mousse es muy importante la presentación. Repártala en boles de cristal individuales o en copas bajas de champán, y decore con almendras garrapiñadas picadas y una hojita de hierbabuena.

# Mousse de castañas con trocitos de turrón

**Tiempo de preparación: 40 minutos, más 6 horas de nevera**
**Para 6 personas**

250 g de puré de castañas
30 cl de whisky
50 g de avellanas
25 g de azúcar glas
50 g de turrón de Jijona en trozos
400 g de nata montada

- Caliente el puré de castañas en una cacerola y agregue el whisky. Reserve.
- Mezcle las avellanas enteras y el azúcar glas y vierta esto en un cazo, que habrá puesto previamente a calentar. Mezcle con rapidez con una cuchara de madera para que las avellanas queden caramelizadas.
- Retírelas y extiéndalas sobre una plancha de cocina.
- En cuanto se hayan enfriado, macháquelas en el mortero e incorpórelas junto con los trozos de turrón al puré de castañas.
- Mezcle con este puré la nata montada por tandas, páselo a copas individuales e introdúzcalo en la nevera al menos 6 horas antes de servir.

# Mousse de chocolate blanco

**Tiempo de preparación: 20 minutos, más 5 horas de nevera**
**Para 4 personas**

250 g de chocolate blanco
2 cucharadas de leche
2 limones pequeños
3 cucharadas de nata montada
5 claras de huevo
4 hojas finas de gelatina
Sal (un pellizco)

- Ponga la gelatina partida en trozos en remojo con un poco de agua y caliéntela a fuego suave hasta que se haya deshecho, pero evitando que cueza, porque tomaría mal sabor.
- En otro cazo, derrita a fuego suave el chocolate partido en trozos con la leche. Deje luego que se temple.
- Mientras, monte las claras a punto de nieve muy firme con sal (un pellizco) y mézclelas con la nata montada y las cáscaras de 2 limones ralladas. Mezcle la crema de chocolate con la cola de pescado deshecha y luego incorpore las claras montadas.
- Vierta todo ello en un molde e introdúzcalo unas 5 horas en la nevera hasta que haya cuajado bien, y ya estará listo para servir.

# Tocino de cielo

**Tiempo de preparación: 45 minutos**
**Para 6 personas**

7 yemas de huevo
1 huevo entero
Caramelo para untar el molde (dos cucharadas de azúcar y agua)
3 cucharadas de agua fría
250 g de azúcar
30 cl de agua fría
2 trozos de corteza de limón

1 Haga el caramelo en un molde de corona y, cuando esté dorado, muévalo bien para que bañe todo el fondo. Déjelo enfriar.

2 En un cazo, vierta un vaso de agua y añada 25 g de azúcar y las dos cortezas de limón. Póngalo a fuego mediano y, cuando rompa a hervir, eche otro medio vaso y déjelo cocer unos 15 minutos, hasta que esté a punto de hebra fina. Retírelo y deje que se enfríe un poco.

3 En una ensaladera, eche las yemas, el huevo entero y el agua fría. Remuévalo hasta que alcance una consistencia de crema. Cuando el almíbar se haya enfriado, añádalo a lo anterior poco a poco y removiendo.

4 Viértalo en el molde y cubra éste con un papel grueso (de estraza) y sobre él ponga una tapadera que encaje bien, con algo de peso encima para que no se levante.

5 Ponga el molde en vilo, sobre una cacerola con agua caliente (ajuste bien los tamaños), para que cueza al vapor. Déjelo 10 minutos.

6 Ponga el horno a calentar e introdúzcalo allí al baño María. Sáquelo del horno al cabo de unos 10 minutos y déjelo sobre la cacerola con agua caliente hasta que el agua se haya enfriado.

7 Desmóldelo, pasándole un cuchillo alrededor, sobre una fuente algo honda para que recoja el caramelo.

## Inés y Simone le aconsejan:

Para contrastar su suave textura, puede acompañar los tocinillos con un barquillo. Si desea darles un toque original, puede añadir unas frambuesas caramelizadas o unas tiras de mango caramelizadas.

# Tartas y bizcochos

# Apfelstrüdel

**Preparación 1 hora y 30 minutos**
**Para 6 personas**

**Para la masa**
250 g de harina
1 huevo entero
1 yema de huevo batida
50 g de mantequilla
1 cucharadita de azúcar
1/2 l de agua caliente
Sal (un pellizco)

**Para el relleno**
6 manzanas Reineta
100 g de pasas (puestas en remojo con ron)
50 g de almendras
50g de nueces
100 g de azúcar
150 g de queso tipo Burgos
50 g de mantequilla derretida
1 limón

1. Ponga la harina de la masa en forma de pozo y, en el hueco central, vierta el huevo entero, la cucharadita de azúcar, la sal y la mantequilla derretida. Vaya mezclando con la punta de los dedos y añada el agua caliente.

2. Trabaje la pasta hasta obtener una masa elástica. Forme una bola y póngala en un cuenco cubierta por un paño; deje que repose en un lugar cálido durante 30 minutos.

3. Mientras, prepare el relleno. Pele las manzanas, quíteles las simientes, rállelas y rocíelas con el zumo de limón. Aplaste los frutos secos y ralle la piel del limón. Escurra las pasas. Mezcle todo esto con el queso y el azúcar.

4. Enharine una mesa, mejor de mármol, y extienda la masa formando un rectángulo grande lo más regular posible. Ponga sobre él el relleno, dejando un borde de 2 cm, más o menos.

5. Rocíe el relleno con la mantequilla derretida y enrolle la masa sobre sí misma a lo largo. Selle las dos esquinas y, con ayuda de un pincel, úntelas con la yema de huevo batida.

6. Introduzca el pastel a horno, previamente calentado, y hornee durante 40 minutos.

7. Sírvalo espolvoreado con azúcar glas y acompañado de nata líquida.

# Bizcocho de limón

**Tiempo de preparación: 1 hora**
**Para 4 personas**

| | |
|---|---|
| 3 huevos | 75 g de mantequilla |
| 160 g de azúcar | 160 g de harina |
| 10 g de nata espesa | 1 sobre de levadura |
| Sal (un pellizco) | 1 limón grande |

- Unte un molde de bizcocho con mantequilla, cubriéndolo con papel de aluminio, también untado con mantequilla.
- En una ensaladera, ponga los huevos enteros junto con el azúcar, la sal y la cáscara de limón rallada, y mezcle hasta que la mezcla quede esponjosa.
- Añada la nata y la harina previamente mezclada con la levadura, así como la mantequilla derretida. Mezcle y eche esta mezcla en el molde para introdurcirlo en el horno a calor medio durante 45 minutos.
- Saque el bizcocho del horno (sabrá si está listo pinchándolo con una aguja, que deberá salir limpia), desmóldelo sobre una rejilla, quitándole el papel de aluminio, y déjelo enfriar.
- Decórelo con unas rodajas finas de limón. Este bizcocho resultará todavía más exquisito si lo recubre con un baño de chocolate.

# Tiramisú

**Tiempo de preparación: 20 minutos, más 3 horas de nevera**
**Para 6 personas**

| | |
|---|---|
| 24 bizcochos de soletilla | 3 huevos |
| 1 taza de café más bien fuerte | 4 cucharadas de azúcar |
| 3000 g de queso Mascarpone (si no lo encuentra puede sustituirlo por uno cremoso tipo Quark o similar) | Ron añejo (un chorrito) |
| | Cacao en polvo (mejor sin azúcar) |

- Ponga el café en un plato sopero y vaya mojando en él los bizcochos de soletilla uno por uno y cubra con ellos un recipiente de cristal grande o varios individuales.
- Bata las yemas con el azúcar con ayuda de las varillas (mejor eléctricas) hasta que la mezcla esté blanquecina y haya doblado de volumen. Añada el queso y el ron y vuelva a batir.
- Monte las claras a punto de nieve firme con un pellizco de sal e incorpórelas a la mezcla con cuidado, mezclando con un movimiento de arriba abajo para que no se bajen.
- Vierta todo ello sobre los bizcochos e introdúzcalo en la nevera durante al menos 3 horas.
- En el momento de servir espolvoree el cacao en polvo sobre la superficie.

# *Bizcocho de manzana*

**Tiempo de preparación: 1 hora**
**Para 6 personas**



4 manzanas
60 g de azúcar lustre
Ron (un chorrito)
3 huevos
El peso de 3 huevos en azúcar
El peso de 2 huevos en harina
100 g de mantequilla
1 limón (la ralladura)
Mantequilla para untar el molde
2 cucharadas de harina para espolvorear el molde
Sal (un pellizco)

1 Unte el molde donde vaya a hacer el bizcocho con mantequilla, espolvoréelo con harina y resérvelo.

2 Pele las manzanas, quíteles el corazón y córtelas en gajos finos. Póngalos en un cuenco, espolvoréelas con azúcar lustre y rocíelas con un chorrito de ron. Resérvelas.

3 Separe las yemas de las claras, ponga éstas en una ensaladera de cristal con un pellizco de sal y bátalas a punto de nieve muy firme. Añádales, después de montadas, las yemas y el azúcar.

4 Mueva sin cesar durante 10 minutos, siempre en el mismo sentido, después agregue la harina, cucharada por cucharada, la ralladura de limón y, finalmente, la mantequilla derretida (teniendo cuidado de que esta no cueza).

5 Eche esta mezcla en el molde y cubra la superficie de la masa con las láminas de manzana, formando una rosácea en el centro.

6 Introdúzcalo en el horno, previamente encendido 5 minutos, a temperatura muy suave y déjelo de 45 minutos a 1 hora. Pinche con un alambre el centro para ver si está cocido (deberá de salir limpio).

7 Desmóldelo en caliente y déjelo sobre una rejilla para que termine de enfriarse antes de presentarlo en la mesa.

# Carlota de naranja

**Tiempo de preparación: 40 minutos, más 12 horas de nevera**
**Para 6 personas**

30 bizcochos de soletilla
3 naranjas
80 g de azúcar
4 hojas finas de gelatina
3 dl de nata

- Ralle la cáscara de dos naranjas después de haberlas lavado bien. Exprima el zumo de las naranjas y viértalo en una cacerola, agregue el azúcar y la cáscara de naranja rallada. Deje que se reduzca a la mitad.
- Ponga en remojo las hojas de gelatina en agua fría, para que se ablanden. Incorpórelas una a una en el almíbar de naranja caliente, mezclando bien para que se incorporen del todo.
- Tapice una flanera con papel de aluminio y recubra el fondo y las paredes con bizcochos de soletilla, con los del fondo cortados y formando una rosácea.
- Monte la nata con las varillas eléctricas (también puede utilizar nata ya montada). Cuando el almíbar ya esté frío, mézclelo con la nata.
- Vierta todo en el molde intercalando los trozos cortados de los bizcochos de soletilla, y acabe con una capa de soletillas. Cubra con papel de aluminio o con un plato que encaje en el molde y ponga lago de peso encima. Introdúzcalo en la nevera al menos 12 horas. Desmolde y decore a su gusto (puede hacerlo con naranja confitada).

# Bizcocho de naranja

**Tiempo de preparación: 50 minutos, más el tiempo de nevera**
**Para 6 personas**

1 naranja mediana
250 g de azúcar
250 g de harina
3 huevos
1 cucharada de levadura
5 cl de aceite
Mantequilla

- Encienda el horno a 200°C, con calor sólo por abajo. Mientras se calienta, pase el azúcar por la batidora hasta que se convierta en polvo y, cuando esté glaseado, añada la naranja con piel, troceada antes con un cuchillo.
- Bata hasta que se haya hecho como una crema, añada la harina mezclada con la levadura y bata ligeramente. Agregue, por último, el aceite y los huevos y vuelva a batir justo para mezclar bien. Ha de quedar como una crema espesa.
- Unte un molde con un poco de mantequilla, de modo que todo el interior del molde quede bien untado, para que el bizcocho no se pegue, y métalo en el horno.
- Cuando el bizcocho esté cocido (unos 30 minutos, aunque el tiempo variará según el tipo de horno), sáquelo y desmóldelo. Deje que se enfríe antes de comerlo.

# Corona de chocolate con natillas

**Tiempo de preparación: 1 hora y 15 minutos**
**Para 6 personas**

140 g de chocolate
10 cl de agua
75 g de mantequilla
150 g de azúcar
150 g de harina
50 g de almendras ralladas
4 claras de huevo y 2 yemas
Sal (un pellizco)
**Para las natillas**
1/2 l de leche
2 yemas de huevo
5 cucharadas de azúcar
1 cucharada de maicena, rasada
Vainilla (un pellizco)

1 En un cazo, ponga a derretir el chocolate con el agua, a fuego suave para que no llegue a cocer. Una vez derretido y templado, añada 50 g de mantequilla, el azúcar, las yemas y las almendras ralladas.

2 Revuelva muy bien todo junto y agregue la harina, primero, y después las 4 claras batidas a punto de nieve muy firme (con un pellizquito de sal). Incorpórelas a la crema suavemente.

3 Unte con el resto de la mantequilla un molde en forma de corona, vierta la masa en él y métalo a horno suave al baño María (el agua del baño María debe estar ya caliente). Déjelo de 45 minutos a 1 hora.

4 Una vez cocido (para saberlo se pincha con un alambre), retírelo del horno y resérvelo en un lugar que no sea muy frío.

5 Mientras, prepare las natillas con los ingredientes citados. Desmolde la corona en el momento de servir y acompáñela con las natillas en salsera aparte.

## Inés y Simone le aconsejan:

La suculenta corona de chocolate tendrá un aspecto todavía más vistoso si la presenta a la mesa con el centro relleno de nata montada, virutas de chocolate y una hojita de hierbabuena.

# Mantecadas

**Tiempo de preparación: 1 hora**
**Para 6 personas**

750 g de harina
400 g de manteca de cerdo
1 limón
1 cucharadita de canela polvo
3 cucharadas de azúcar

- Ponga en una mesa de mármol la harina, reservando un par de cucharadas, formando un pozo con un agujero central. En el hoyo, ponga el azúcar, la manteca y unas gotas de limón. Trabaje todo junto hasta obtener una masa lisa y fina. Deje reposar unos 10 minutos.
- Espolvoree la mesa de mármol con la harina y extienda la masa con ayuda del rodillo pastelero hasta que tenga unos 8 mm de grosor. Con un cortapastas, corte las mantecadas en forma redonda u ovalada.
- Engrase la placa del horno y póngalas sobre ella (hay quien prefiere hacerles un agujero en el centro). Cuézalas en el horno suave a unos 150°C (si la temperatura es demasiado alta, quedarán duras) y sin que lleguen a tomar color.
- Pasados unos 30 minutos, sáquelas del horno y antes de servirlas espolvoréelas con azúcar glas y un poquito de canela en polvo.

# Pastas de té

**Tiempo de preparación: 35 minutos**
**Para unas 50 unidades**

100 g de mantequilla
125 g de azúcar
250 g de harina
1 cucharada de levadura
1 cucharada de leche fría
2 huevos
Almendras crudas

- En una ensaladera, ponga la mantequilla blanda, el azúcar, un huevo entero y la yema del segundo. Mezcle bien los ingredientes con una cuchara de madera. Añada después, poco a poco, la harina, la levadura y, al final, la leche.
- Espolvoréese las manos con harina y, ayudándose con una cucharita de café, forme bolitas con la masa, póngalas en la chapa del horno y aplástelas en redondo, dejándolas de 1,5 cm de grosor. Adorne cada pasta con una almendra cortada.
- En un plato sopero, bata un poco con un tenedor la clara que ha sobrado. Con una brocha, unte esta clara batida sobre cada pasta y métalas a horno más bien suave (previamente encendido 6 minutos para la primera remesa), hasta que estén doradas por arriba.
- Transcurridos de 15 a 20 minutos, saque la chapa del horno y, con un cuchillo de punta redonda, desprenda las pastas. Póngalas en una mesa de mármol, si es posible, hasta que estén frías. Puede conservarlas unos días en cajas de hojalata.

# Pastas de frambuesa

**Tiempo de preparación: 50 minutos**
**Para 4 personas**

**Para la masa**
250 g de harina
125 g de mantequilla
3 cucharadas de azúcar
1 huevo
1/2 limón (la corteza rallada)
Harina para espolvorear la mesa
Sal (un pellizco)

**Para el relleno**
400 g de frambuesas
150 g de azúcar
Azúcar glas (para espolvorear)

1 Para preparar la masa, la mantequilla deberá estar fuera de la nevera y blanda.

2 En un tazón, ponga el azúcar y la sal y casque el huevo entero. Bata todo junto hasta que el azúcar y la sal queden bien incorporados y no se noten.

3 Eche la harina en un mármol formando un montón. Haga un hoyo en el centro y vierta dentro el huevo batido con la sal y el azúcar. Sobre la harina, ponga trocitos de mantequilla blanda. Trabaje con la punta de los dedos, rápidamente y sin amasar apenas, para que la masa quede bien sablé (es decir, quebradiza).

4 Estire la masa sobre un mármol espolvoreado con harina y recorte unos círculos con un cortapastas. Corte el centro de la mitad de ellos con un corta pastas pequeño con diferentes formas.

5 Ponga todos sobre una plancha de horno e introdúzcalos en el horno, previamente calentado, 5 minutos a 180 grados C.

6 En un cazo ponga, las frambuesas con el azúcar a cocer durante 15 minutos a fuego suave y removiendo sin cesar.

7 Extienda la compota de frambuesas sobre las pastas sablés enteros y cúbralos con los cortados en el centro. Espolvoree con azúcar glas.

## Inés y Simone le aconsejan:

Al elaborar la mermelada de frambuesa, si desea saber con exactitud si está a punto puede utilizar un termómetro, que tendrá que marcar 105°C.

# Pastel de manzana al ron

**Tiempo de preparación: 45 minutos**
**Para 4 personas**

400 g de manzanas
2 huevos
100 g de mantequilla
5 cucharadas de harina
1 cucharadita de levadura
Sal (un pellizco)
1 chorrito de ron (o de otro licor como Cointreau, Oporto...)

- Trabaje la mantequilla con el azúcar y la sal en un recipiente templado, luego añada los huevos de uno en uno y después la harina previamente mezclada con la levadura.
- Eche esta mezcla en un molde de tarta de paredes altas.
- Pele las manzanas y córtelas en láminas más bien gruesas y vaya colocándolas sobre la masa. Introdúzcalo en el horno durante 30 minutos.
- Desmóldelo en caliente y rocíela con medio vasito de ron o de otro licor a su gusto.

### Inés y Simone le aconsejan:

Esta tarta quedará más rica si justo antes de irla a servir la espolvorea por toda su superficie con azúcar glas. Si no tiene a mano, bastará con que pase por la batidora azúcar normal hasta que se convierta en polvo.

# Tarta de manzana y coco

**Tiempo de preparación: 45 minutos**
**Para 6 personas**

300 g de masa de hojaldre fina (puede ser congelada)
80 g de coco rallado
2 manzanas
100 g de margarina
80 g de azúcar en polvo
3 huevos
5 cl de Calvados o de ron

- Cubra con la masa de hojaldre un molde de tarta y, con ayuda de un tenedor, haga unos dibujos por el fondo y todo alrededor, pero sin que llegue a calar. Llévelo al horno hasta que empiece a tomar color.
- Mientras, trabaje la margarina con el azúcar y, cuando esté bien mezclado, añada los huevos batidos como para tortilla, después el coco rallado y, a continuación, las manzanas peladas y cortadas en rodajas finas y rociadas con el Calvados o el ron.
- Vierta toda esta mezcla en el molde y espolvoree ligeramente con azúcar.
- Métalo en el horno previamente calentado (180°C) unos 35 minutos.

# *Pastel de marrón*

**Tiempo de preparación: 20 minutos, más 4 horas de nevera**
**Para 6 personas**

1 bote de puré de castañas
o mermelada de castañas (500 g)
2 docenas de bizcochos de soletilla
250 g de nata montada azucarada
Agua
2 cucharadas de ron

- Mezcle la mermelada de castañas con la nata montada azucarada (reserve una pequeña cantidad para decoración del pastel). Elabore un almíbar con agua mezclada con ron.
- Cubra el fondo de un molde con una capa de bizcochos remojados en almíbar, después cubra con una capa de mermelada o puré de castañas mezclado con la nata montada, después vuelva a poner una capa de bizcochos remojados, luego otra capa de nata mezclada con puré de castañas y así hasta terminar con una capa de bizcochos.
- Introdúzcalo en la nevera al menos 4 horas. Desmóldelo antes de servir y decore con la nata reservada.

### *Inés y Simone le aconsejan:*

Es bueno tapar el molde con papel de aluminio y poner algo de peso encima como por ejemplo unas latas de bebida porque así quedará más asentado el pastel.Esta muy rico también acompañado por unas natillas claras.

# *Tarta de azúcar*

**Tiempo de preparación: 30 minutos, más 1 hora de reposo**
**Para 6 personas**

25 g de azúcar, más 6 terrones
175 g de mantequilla
5 yemas de huevo
10 g de levadura de panadero
60 g de harina
Vainilla (un pellizco) azucarada

- En una ensaladera, mezcle 125 g de mantequilla blanda con las yemas de huevo, la harina, la levadura (previamente desleída en un poco de agua), el pellizco de vainilla y los 25 g de azúcar, hasta obtener una masa homogénea.
- Deje que repose 1 hora. Pasado ese tiempo, cubra con ella un molde y métala en el horno bastante caliente (200°C ).
- A los 10 minutos reparta por encima la mantequilla restante y los terrones de azúcar después de darles unos golpes. Déjela otros 10 minutos, sáquela y sírvala fría o templada.

# Pastel de nata y frutas

**Tiempo de preparación: 15 minutos (debe prepararse la víspera)**
**Para 6 personas**

24 bizcochos de soletilla
250 g de nata montada
500 g de fruta (piña, fresones, etc;)
Mantequilla para untar el molde

**Para la salsa:**
150 g de fresón maduro
1/2 limón (el zumo)
50 g de azúcar

- Unte un molde alargado con la mantequilla (puede cubrir el fondo con papel de aluminio y así lo desmoldará mejor). Cubra el fondo con una capa de soletillas.
- Vierta sobre esto un poco de puré de piña triturada para que empape las soletillas. Cubra con una capa de nata, luego ponga una capa de soletillas, otra de frutas en trocitos, otra de nata, terminando con una capa de soletillas.
- Introdúzcalo en la nevera en la parte más fría.
- Para desmoldar, pase un cuchillo todo alrededor del molde, vuélquelo y ponga una fila de medios fresones o de trozos de fruta en el centro y sirva. Puede acompañarlo con una salsa de fresa hecha triturando fresones con zumo de limón y azúcar.

# Tarta de chocolate

**Tiempo de preparación: 60 minutos**
**Para 6 personas**

300 g de chocolate
150 g de mantequilla, más un poco para el molde
125 g de azúcar
200 g de almendras en polvo
2 cucharadas de maicena
Mermelada de albaricocque
100 g de nata líquida

- Deshaga la mitad del chocolate en un cazo al baño María. Añada la mantequilla blanda, luego el azúcar y las yemas de huevo, una a una. Incorpore las almendras en polvo, la maicena y, con cuidado, las claras de huevo montadas a punto de nieve firme.
- Tapice un molde redondo con papel de aluminio y úntelo con mantequilla. Vierta la mezcla anterior de forma que sólo lo llene hasta 3/4 de su altura. Métalo a horno medio (180°C).
- Sáquelo pasados unos 45 minutos (para comprobar si está, pínchelo con una aguja, que debe salir seca). Deje que se temple un poco, desmóldelo sobre una rejilla y espere que se enfríe. Entonces pártalo por la mitad y úntelo con la mermelada.
- Prepare un glaseado derritiendo el chocolate al baño María. Agregue la nata y mezcle bien. Viértalo sobre el pastel y extiéndalo con una espátula. Deje que se seque antes de servirlo.

# Ponche al estilo segoviano

**Tiempo de preparación: 1 hora y 30 minutos**
**Para 4 personas**

**Para el bizcocho**
75 g de harina
3 huevos
30 g de azúcar
**Para la crema**
50 cl leche
50 g de harina
3 yemas de huevo
Vainilla en polvo (un pellizco)
Canela molida (un pellizco)
**Para el mazapán**
50 g de almendra molida
40 g de azúcar
4 claras de huevo

1 Prepare primero el bizcocho batiendo los huevos y agregando a continuación el azúcar y la harina.

2 Ponga la masa obtenida en una bandeja de horno plana e introdúzcalo en el horno durante 10 minutos.

3 Mientras, vaya preparando la crema poniendo la leche a calentar. Aparte, bata las yemas de los huevos junto con el azúcar, la harina, la vainilla y la canela. Añada todo esto a la leche y remueva con ayuda de una cuchara de madera hasta que espese.

4 Prepare el mazapán formando con el azúcar y un poco de agua un almíbar espeso.

5 Mezcle las almendras con las claras batidas punto de nieve, vaya añadiendo el almíbar, hasta mezclarlo bien y se forme una masa compacta, póngalo sobre el fuego suave y trabájelo hasta alcanzar el punto deseado.

6 Corte el bizcocho en tres rectángulos largos y emborráchelo con almíbar. Sobre la primera capa de bizcocho ponga una de crema, luego otra capa de bizcocho y así hasta acabar con una de bizcocho.

7 Sobre la última capa, coloque una capa fina de mazapán, espolvoree por encima azúcar glas y quémela con un hierro puesto al fuego al rojo vivo, trazando cuadrados.

# Postre de bizcocho borracho

**Tiempo de preparación: 1 hora**
**Para 6 personas**

3 huevos
1 clara de huevo
4 cucharadas de harina
2 cucharadas de fécula de patata
5 cucharadas de azúcar
1 cucharadita de levadura Royal
15 g de mantequilla
Sal (un pellizco)
**Para el adorno**
20 cl de zumo de naranja
3 cucharadas de licor de Cointreau (más o menos según su gusto)
250 g de nata montada

1 Primero prepare el bizcocho montando las 4 claras a punto de nieve firme con el pellizco de sal. Agregue las yemas, el azúcar y la mezcla de las dos harinas con la levadura.

2 Unte un molde redondo de unos 26 cm de diámetro con la mantequilla y extienda en él la masa.

3 Cuézalo en el horno a temperatura más bien suave, durante 35 minutos. Cuando se empiece a dorar, estará a punto. Desmóldelo en seguida sobre un mármol o una bandeja y deje que se enfríe.

4 Una vez frío, córtelo en 6 redondeles (con ayuda de un vaso vuelto del revés). Coloque los redondeles en cada plato y pínchelos con una aguja gruesa.

5 Con ayuda de una cuchara, rocíelos con el zumo y el licor para que queden bien empapados y adórnelos con la nata montada metida en una manga pastelera, de forma abundante.

## Inés y Simone le aconsejan:

Este postre resulta muy rico si añade fruta por encima, como un montoncito de frambuesas, de mango o de kiwi pelado y cortado en dados, unos trozos de melocotón en almíbar, bien escurridos, etc. Si opta por los melocotones frescos, póchelos antes en agua hirviendo de 3 ó 4 minutos.

# Profiteroles con chocolate y helado

**Tiempo de preparación: 50 minutos**
**Para 6 personas**

20 cl de leche
50 g de mantequilla
50 g de manteca de cerdo
1 cucharadita de azúcar
50 g de harina
3 huevos enteros
2 claras de huevo
Aceite
Sal

**Para el relleno**
Helado de vainilla

**Para la crema de chocolate**
50 g de mantequilla
50 g de chocolate fondant
4 cucharadas de azúcar glas
2 yemas de huevo
2 cucharadas de agua

1 Prepare la masa de los profiteroles: ponga la leche, la mantequilla, la manteca, la sal y el azúcar en un cazo a fuego medio y, cuando esté todo derretido, muévalo con una cuchara de madera. Al empezar a hervir, eche de golpe la harina, mueva rápidamente durante 5 minutos y separe la masa del fuego dejando que se temple.

2 Mientras, prepare la crema poniendo a disolver al calor el chocolate cortado en trozos, el azúcar y un par de cucharadas de agua. Cuando esté todo derretido y templado, y sin dejar de remover, añada las yemas una tras otra y, al final, la mantequilla.

3 Como la masa de los profiteroles estará ya templada, vaya añadiéndole de uno en uno los 3 huevos enteros, esperando cada vez que esté el anterior bien incorporado en la masa. Por último, agregue las 2 claras sin montar.

4 Unte ligeramente una chapa de horno con aceite y, con ayuda de una cucharita de café, forme con la masa unos montoncitos bastante alejados unos de otros.

5 Introdúzcalos en el horno a temperatura muy suave hasta que estén bien doraditos, sáquelos y hágales con unas tijeras una raja en el costado.

6 Con una cucharita, rellénelos de helado de vainilla. Seguidamente, cúbralos con la crema de chocolate y ya están listos para servir.

# Pudin de frutas confitadas y vainilla

**Tiempo de preparación: 45 minutos**
**Para 6 personas**

1/2 litro de leche
1 ramita de vainilla
4 yemas de huevo
100 g de azúcar en polvo
10 g de mantequilla o margarina
12 bizcochos de soletilla (o alguno más según el molde)
250 g frutas confitadas variadas (pero sobre todo cerezas)

1 Ponga a cocer la leche con la ramita de vainilla. Bata mientras las yemas de huevo con el azúcar en polvo hasta que quede bien incorporada. Vierta un poco de leche sobre la mezcla de huevos y azúcar y luego, sin dejar de remover, el resto de la leche hirviendo.

2 Vuelva a poner la crema sobre el fuego para que espese, removiéndola con una cuchara de madera y sin dejar ya que hierva.

3 Unte un molde con mantequilla, corte los bizcochos de soletilla en dos a lo largo.

4 Recubra el fondo del molde con las frutas confitadas, sobre ellas ponga una capa de soletillas, luego una capa de crema mezclada con las frutas confitadas y así sucesivamente hasta llenar el molde.

5 Cuézalo al baño maría durante 30 minutos y sirva una vez desmoldado.

## Inés y Simone le aconsejan:

Es preferible adquirir los bizcochos la víspera, pues así estarán más enteros y se desharán menos. Este postre queda excelente si lo acompañamos con unas natillas ligeritas a la vainilla.

# Tarta con crema de naranja y canela

**Tiempo de preparación: 1 hora**
**Para 6 personas**

**Para la masa**
125 g de harina de repostería,
más un poco para espolvorear la mesa
60 g de mantequilla,
más un poco para untar el molde
2 cucharadas de agua
2 cucharadas de azúcar
1 clara de huevo

**Para el relleno**
5 naranjas
4 yemas de huevo
150 g de azúcar moreno
5 cl de Cointreau
50 cl de leche
1 ramita de canela
Canela en polvo (un pellizco)
30 g de mantequilla
2 cucharadas de azúcar glas

1 Prepare la masa poniendo la harina en una mesa de mármol y añadiéndole la mantequilla (deberá estar blanda), el azúcar y el agua. Trabájela muy poco con la punta de los dedos, forme una bola y déjela 30 minutos reposando. Espolvoree el mármol con harina y estire la masa con el rodillo pastelero. Colóquela en el molde previamente untado con mantequilla y pinche el fondo con un tenedor para evitar pompas.

2 Bata la clara ligeramente y pásela con un pincel por los bordes y el fondo de la masa. Introdúzcla en el horno suave unos 15 minutos. Sáquela lista para rellenar.

3 Mientras, vaya haciendo la crema poniendo la leche a cocer con la cáscara de una de las naranjas y la mitad del azúcar. En un cuenco, bata las yemas con el resto del azúcar, la harina, la maicena la canela y el licor. Cuando hierva, vierta unas cucharadas en el tazón y luego añada lo del tazón al cazo con la leche. Deje cocer unos 4 minutos removiendo sin cesar. Retírela.

4 Monde las naranjas sin que quede nada de la piel blanca y córtelas en rodajas finas. Rellene el molde con la crema y ponga por encima las rodajas de naranja, reparta sobre ellas la mantequilla en trocitos y espolvoree con el azúcar glas mezclado con la canela en polvo. Introdúzcala en el horno suave (150 °C) 15 minutos. Sáquela y deje que se temple antes de desmoldarla. Sírvala fría.

## Inés y Simone le aconsejan:

Para hacer más sabrosa la masa quebrada, puede añadirle la cáscara de una de las naranjas rallada. Queda más rica aún si cuece las rodajas de naranja en un almíbar hecho con zumo de naranja, azúcar y agua. Déjelas cocer unos 20 minutos, vigilando para que no queden caramelizadas.

# Tarta de cerezas

**Tiempo de preparación: 1 hora y 30 minutos**
**Para 4 personas**

**Para la masa**
200 g de harina de repostería
100 g de mantequilla (deberá estar blanda)
1 cucharada de aceite fino
2 cucharaditas de azúcar
1/2 cucharadita de sal
10 cl de agua templada
**Para el relleno**
225 g de queso blanco tipo Quark
500 g de picotas o cerezas
50 g de azúcar
1 naranja
2 cucharadas de jalea de cerezas negras

1 Prepare la masa poniendo en la mesa la harina y, sobre ésta, la mantequillaen trozos. Vierta el aceite, espolvoree el azúcar y la sal.

2 Empiece a mezclar suavemente y agregue poco a poco el agua (la cantidad de estas depende de la clase de harina). Amase lo justo para que los ingredientes queden mezclados. Forme una bola y déjela en reposo media hora.

3 Mientras, prepare el relleno mezclando las cerezas deshuesadas con el azúcar y la piel de la naranja

4 Pasado este tiempo, estire la masa y trasládela al molde pinchando el fondo con un tenedor para evitar que se infle. Introdúzcala en el horno y déjela hasta que tenga un bonito color dorado.

5 Póngalas a cocer tapadas, a fuego suave hasta que empiecen a soltar jugo, retire la cáscara de naranja, agregue la jalea y el zumo de naranja y, sin dejar de remover, siga cociendo hasta que las cerezas estén muy tiernas y la mezcla haya espesado.

6 Cubra el fondo de la tarta con una capa de queso y, sobre éste, ponga la mezcla de cerezas con el resto de ingredientes.

7 Introdúzcala en la nevera y téngala unas horas, porque hay que servirla muy fría.

# Tarta de frutas variadas

**Tiempo de preparación: 1 hora y 40 minutos**
**Para 6 personas**

**Para la masa**
250 g de harina
125 g de mantequilla
Sal (un pellizco)
**Para el relleno**
4 huevos
50 cl de leche
100 g de azúcar
1 barrita de vainilla
1/2 cucharada de harina
30 g de mantequilla
250 g de frambuesa, o fresas o grosellas
100 g de uvas u otra fruta variada

1 Prepare la masa poniendo en una ensaladera la harina con la sal. Añada la mantequilla cortada en trocitos, mezcle todo con la punta de los dedos y añada un poquito de agua (pero muy poco). Forme una bola y deje reposar una hora.

2 Extienda la masa y colóquela sobre un molde redondo de tarta. Pínchela con un tenedor (para que no se infle) e introdúzcala 30 minutos a horno suave, cubriendo el fondo de la tarta con garbanzos o judías secas.

3 Pasado este tiempo, saque la tarta del horno y deje que se enfríe.

4 En un cazo, ponga a calentar la leche con la barrita de vainilla.

5 En un cuenco, mezcle las yemas de huevo con el azúcar y la harina hasta que la mezcla esté esponjosa y añada luego poco a poco la leche después de retirar la barrita de vainilla.

6 Vuelva a poner todo sobre el fuego, removiendo hasta que la crema espese. Añada entonces la mantequilla y deje que se enfríe.

7 Rellene el fondo de la tarta con esta crema, lave las frutas y póngalas sobre la crema alternando los colores y sirva.

# Tarta de leche concentrada y Nescafé

**Tiempo de preparación: 20 minutos**
**Para 6 personas**

1 bizcocho redondo
(de los que venden ya hechos)
1 bote pequeño de leche concentrada azucarada
2 cucharadas de Nescafé
2 cucharadas de chocolate en polvo
2 cucharadas de ron
2 yemas

- Corte el bizcocho por la mitad (si no es de los que venden ya cortados). Ponga la leche concentrada en un cazo y caliente a fuego suave, agregue el Nescafé previamente disuelto en un vaso de agua. Mezcle vigorosamente y vierta esto sobre la mitad inferior del bizcocho. Cubra con la otra mitad.
- En la misma cacerola, ponga a disolver el chocolate en un vaso de agua y ron, mezcle y, retirando el cazo del fuego, agregue las dos yemas de huevo. Vuelva a poner sobre el fuego suave y mezcle sin dejar que llegue a hervir hasta que la mezcla vaya tomando consistencia. Vaya echándolo poco a poco sobre el bizcocho, que debe quedar totalmente cubierto. Póngalo en lugar fresco hasta el momento de servir.

# Bizcocho con yogur al limón

**Tiempo de preparación: 60 minutos, más el tiempo de nevera**
**Para 6 personas**

1 yogur de limón
1 y 1/2 tarro de yogur de harina fina
1 tarro de yogur de azúcar
2 huevos
4 cucharadas de margarina
1 cucharada de levadura, rasada
1 limón (la cáscara rallada)
Margarina y harina para el molde

- En la batidora, bata la margarina (que tendrá que estar fuera de la nevera al menos 2 horas antes de la preparación) con el azúcar, el yogur, la cáscara de limón rallada y los huevos.
- En un plato sopero, mezcle la harina con la levadura y échela, cucharada a cucharada, en la mezcla anterior, removiendo para que se integre muy bien.
- Unte un molde alargado con margarina y espolvoréelo con harina, sacudiendo la sobrante. Vierta la masa en el molde y métalo en el horno, primero suave y después, poco a poco, más caliente (tenga en cuenta que la temperatura no debe subir de mediana pues, en caso contrario, se quemaría el bizcocho por abajo y no se haría por dentro).
- Cuézalo como un bizcocho corriente, entre 45 y 40 minutos. Desmóldelo en una rejilla y déjelo enfriar antes de consumir-

# Tarta de manzana y crema de almendras

**Tiempo de preparación: 1 hora y 10 minutos**
**Para 4 ó 5 personas**

250 g de masa quebrada congelada
2 manzanas Reineta grandes
30 g de mantequilla
1 cucharada de harina
1 molde rectangular de 22 x 18 cm
**Para la crema de almendras**
100 g de almendras molidas
100 g de azúcar
2 huevos
1 cucharadita de extracto de almendra amarga
2 cucharadas de licor de Calvados o ron

1 Saque la masa del congelador una hora antes, para que se descongele.

2 Con un poco de mantequilla unte el molde y espolvoréelo con harina, sacudiéndolo para quitar la sobrante.

3 Estire la masa con el rodillo pastelero en una mesa espolvoreada con harina, para que alcance el tamaño del molde. Colóquela y pinche el fondo con un tenedor.

4 En un plato sopero, bata ligeramente una de las claras de huevo y, con una brocha plana, unte todo el fondo. Coloque el molde con la masa en el horno (previamente calentado a 150°C), a media altura, durante 8 minutos, hasta que la masa esté endurecida, pero sin que tome color.

5 Mientras, en un cuenco, ponga la almendra rallada, el azúcar, el extracto de almendra amarga y el licor. Bata el huevo y la yema restante como para tortilla. Remueva todo. Saque el molde del horno y vierta la crema extendiéndola por todo el fondo de la masa.

6 Corte en cuatro cada manzana y pélelos. Corte los gajos bastante finos y colóquelos en tres filas. Con la brocha, unte las manzanas, una vez colocadas, por encima con el resto de la mantequilla derretida.

7 Meta en el horno a la misma temperatura y altura que antes y deje que se haga durante unos 45 minutos.

8 Saque, desmolde y sirva templada la tarta. Puede presentarla con una jarrita con nata líquida, por si alguien desea acompañarla con ella.

# Tarta de peras

**Tiempo de preparación: 1 hora**
**Para 4 personas**

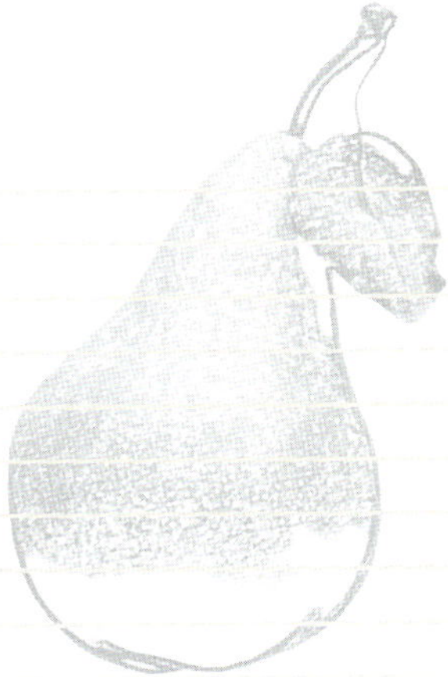

**Para la masa**
250 g de harina
125 g de mantequilla, más un poco para untar el molde
3 cucharadas de azúcar
1 huevo
1/2 limón (la corteza rallada)
Harina para espolvorear la mesa
Sal (un pellizco)
**Para el relleno**
1 huevo entero, más 3 yemas
200 g de nata líquida
75 g de azúcar
1 cucharada de almendras en polvo
3 peras

1 Prepare la masa poniendo en un tazón el azúcar y la sal y casque el huevo entero. Bata todo junto hasta que queden bien incorporados y no se noten.

2 Ponga en un mármol la harina formando un pozo. Eche dentro el huevo batido con la sal y el azúcar. Ponga sobre la harina trocitos de mantequilla, que deberán estar blandos, trabaje con la punta de los dedos, rápidamente y sin amasar apenas, para que quede bien sablé (es decir, quebradiza).

3 Unte un molde con mantequilla, estire la masa con un rollo pastelero y trasládela al molde, dándole buena forma y cortando las sobras. Pinche el fondo con un tenedor por varios sitios e introdúzcala en el horno templado hasta que esté doradita.

4 Aparte, bata las 3 yemas con el huevo entero, la nata y el azúcar. Espolvoree el fondo de la tarta con almendra en polvo y recúbrala con las peras peladas y cortadas en láminas y luego con la crema. Introdúzcala en el horno 40 minutos a 180°C.

## Inés y Simone le aconsejan:

Si desea ahorrar tiempo, quedará igualmente rica hecha con una masa quebrada de las que venden ya preparadas, tanto frescas como congeladas. La ventaja de las frescas es que suelen venir ya estiradas en forma redonda. Para que las peras no se ennegrezcan, rocíelas con un chorrito de zumo de limón.

# Tarta de queso

**Tiempo de preparación: 1 hora y 30 minutos**
**Para 6 personas**

**Para la masa**
150 g de harina
50 g de mantequilla
1 yema
4 cucharadas de azúcar
1 limón (la cáscara rallada)
Esencia de vainilla
**Para el relleno**
500 g de requesón o de queso de Burgos
1 cucharada de Maizena
11 cucharadas de azúcar
3 huevos
Pasas (un puñado)
10 cl de ron

1 Prepare la masa tamizando el harina y el azúcar, agregue una cucharada de ralladura de limón y forme una especie de pozo. Ponga en el centro la mantequilla (que deberá estar blanda), la yema y la esencia de vainilla, mezcle con los dedos hasta formar una masa y déjela reposar 1 hora en la nevera.

2 Prepare el relleno. Ponga el ron a calentar y cuando empiece a hacer burbujas, sepárelo del fuego y meta las pasas en remojo. Resérvelas.

3 En una ensaladera, ponga el queso en trozos, los huevos batidos como para tortilla, el azúcar y la maicena, y bata todo muy bien (si tiene, con la batidora).

4 Estire la masa y forre un molde de unos 19 cm de diámetro, pinche el fondo con un tenedor y cuézala en el horno hasta que esté dorada.

5 Sáquela, vierta en ella el relleno e introdúzcala en el horno, primero 5 minutos con temperatura suave, y luego vaya subiendo el calor y déjela fuerte 15 minutos.

6 Escurra y seque las pasas y colóquelas por la parte de arriba de la tarta, hundiéndolas un poco sin sacarla del horno.

7 Deje que siga cociendo 15 minutos más. Sáquela y desmóldela ya en frío.

# Otros postres

# *Bartolillos madrileños*



**Tiempo de preparación: 1 hora**
**Para 4 personas**

**Para la masa**
250 g de harina
10 cl de leche
2 huevos
100 g de manteca de cerdo
25 cl de aceite
**Para la crema**
75 g de harina
50 cl de leche
2 huevos
75 g de azúcar
25 g de mantequilla
1 limón (la cáscara)

1 Prepare la crema: en un cuenco adecuado, coloque los huevos y el azúcar, batiéndolo todo hasta formar una mezcla uniforme. Seguidamente, añada la harina y deslíe todo el conjunto en un poco de leche fría.

2 Ponga el resto de la leche a cocer con una cáscara de limón y, cuando se inicie la ebullición, agregue la mezcla anterior dejando cocer lentamente, sin dejar de remover con la espátula, durante unos cinco o seis minutos.

3 Pasado este tiempo, retire del fuego, añada la mantequilla, mezclando todo bien, y deje que se enfríe.

4 Prepare los bartolillos: mezcle la harina con la leche, los huevos, la manteca de cerdo y el azúcar hasta lograr una masa de regular consistencia, parecida a la empleada para hacer empanadillas fritas. Trabaje bien la masa, extendiéndola con el rodillo, hasta lograr una lámina delgada pero que no se parta al manipularla.

5 Corte la mas en triángulos isósceles, que se unen por sus bases de dos en dos. Coloque una cucharada de crema sobre uno de ellos y cubra con el otro, uniendo sus bordes con una ruedecilla cortapastas.

6 Fríalos en el aceite, bien fritos y bien calientes, hasta que queden dorados e inflados. Una vez fritos colóquelos en una fuente plana, espolvoréelos con azúcar molida y canela en polvo y sírvalos. Están mejor calientes, pero pueden comerse también fríos.

# Buñuelos de viento

**Tiempo de preparación: 60 minutos, más 2 horas de reposo**
**Para 20 ó 30 buñuelos**

4 huevos
125 g de harina
25 g de mantequilla
2 cucharadas de azúcar
1 limón (la corteza rallada)
30 cl de agua
Aceite abundante
Azúcar glas
Sal (un pellizco)

**Para el relleno de crema**

50 cl de leche
1 limón (la corteza)
3 yemas de huevo
1 y 1/2 cucharadas de maicena
1/2 cucharada de harina
5 cucharadas de azúcar

1 En un cazo, ponga a cocer el agua, la mantequilla, el azúcar, la corteza de limón rallada y un pellizco de sal. Cuando hierva, eche de una vez la harina y, sin retirar el cazo del fuego, déle vueltas hasta que la masa se desprenda de las paredes del cazo. Retírelo del fuego y deje que se enfríe un poco. Cuando la masa esté templada, incorpore los 4 huevos, de uno en uno. Deje reposar esta masa 2 horas.

2 En una sartén honda, ponga 1 litro de aceite a calentar. Cuando aún no esté muy caliente, sepárelo del fuego y eche unos montoncitos de masa cogiéndolos con una cucharita y empujándola hacia el aceite con el dedo, para que los buñuelos adquieran una bonita forma.

3 Téngalos un rato con la sartén apartada del fuego para que se inflen y suban a la superficie del aceite; vuelva entonces a poner la sartén al fuego hasta que los buñuelos estén dorados. Sáquelos con la espumadera y déjelos escurrir en un colador grande.

4 Prepare el relleno: en un cazo ponga la leche a hervir con 4 cucharadas de azúcar y la corteza de limón. Mientras, en una ensaladera de cristal bata las yemas con el resto del azúcar, la harina y la maicena. Cuando esté bien mezclado y sin grumos, coja un cucharón de leche del cazo, cuando esté empezando a cocer, y viértalo muy despacio sobre las yemas. Cuando lo haya mezclado bien, vierta esto en el cazo, baje un poco el fuego y déjelo cocer suavemente durante 5 minutos sin dejar de dar vueltas.

5 Cuélelo y deje que se enfríe. Introduzca luego esta crema en la nevera hasta el momento de rellenar los buñuelos.

## Inés y Simone le aconsejan:

Existen numerosas variantes para el relleno de los buñuelos. Así, partiendo de la crema anterior, puede añadirle 1 cucharadita de café soluble o cacao en polvo. También resultan exquisitos rellenos de nata.

# Cerezas caramelizadas

**Tiempo de preparación: 15 minutos**
**Para 4 personas**

| | |
|---|---|
| 500 g de cerezas más bien firmes | 50 g de miel |
| 200 g de almendras molidas | 20 g de mantequilla |

- Ponga la miel en un cazo a fuego mediano, cuando esté caliente vaya metiendo en él las cerezas haciéndolas girar agarradas por el rabo para que queden bien impregnadas.
- Agregue la mantequilla y remueva con viveza, retírelo del fuego.
- Extienda las almendras molidas sobre un plato y reboce en ellas las cerezas por todos sus lados. Póngalas a secar sobre una rejilla y ya están listas para servir.

### Inés y Simone le aconsejan:

Estas cerezas quedan también muy bien hechas con avellanas molidas o, si le gustan muy dulces, con almendras garrapiñadas picadas. Puede emplear cualquier tipo de miel, pero le recomendamos la de mil flores.

# Frutas al cava

**Tiempo de preparación: 20 minutos, más 1 hora de nevera**
**Para 4 personas**

| | |
|---|---|
| 250 g de fresones | 1 botella de cava rosado |
| 3 melocotones o nectarinas | 500 g de azúcar |
| 2 kiwis | 75 cl de agua |
| 1 limón (el zumo) | Hojitas de menta |

- En una cacerola ponga el agua a hervir, añada el azúcar y unas hojas de menta y mezcle bien con una cuchara de madera. Deje que hierva 10 minutos y sepárelo del fuego. Espere a que se enfríe.
- Lave los fresones, quíteles los rabos y pártalos por la mitad o en cuatro. Pele los kiwis y los melocotones y pártalos en trocitos.
- Ponga las frutas en una ensaladera y rocíe con el zumo de limón y el almíbar de menta ya frío. Métalo en la nevera al menos durante 60 minutos.
- Reparta la fruta en copas y acabe de rellenarlas con cava rosado bien frío. Decore con unas hojitas de menta y sírvalo.

# Corona de arroz con leche y albaricoques

**Tiempo de preparación: 60 minutos**
**Para 6 personas**

6 cucharadas de arroz
1 limón (la cáscara)
75 cl de leche
8 cucharadas de azúcar
**Para la salsa**
300 g de albaricoques
125 ml de vino blanco dulce
3 cucharadas de azúcar
1/2 ramita de vainilla
1/2 ramita de canela
1 cucharada de zumo de naranja
1 cucharada de «Grand-Marnier» u otro licor
**Para el adorno**
10 albaricoques
50 cl de agua
500 g de azúcar

1 Prepare el arroz poniendo en un cazo agua abundante a hervir y, cuando borbotee, eche el arroz y déjelo 10 minutos.

2 Mientras, ponga en otro cazo la leche a cocer con la cáscara de limón. Escurra el arroz y échelo en la leche hirviendo, dejándolo otros 12 minutos. Cuando esté blando, retírelo del fuego, añada el azúcar y mezcle. Déle unas vueltas en el fuego y quite la cáscara de limón. Resérvelo en la nevera.

3 Mientras, prepare la salsa. Lave los albaricoques y quíteles los huesos. En un caz,o ponga el vino y el azúcar a cocer junto con la canela y la vainilla. Cuando hierva, eche los albaricoques y deje que cuezan a fuego medio hasta que se deshagan. Apártelo del fuego y espere a que se enfríe un poco antes de pasarlo por la batidora. Añádale el zumo de naranja y el licor. Reserve la salsa a temperatura ambiente.

4 Prepare el adorno: en una cacerola ponga a calentar el agua con el azúcar y, en cuanto lleve hirviendo 1 minutos, eche los albaricoques y deje que cuezan en este almíbar unos 10 minutos, más o menos. Tienen que estar blandos, pero enteros. Retírelos del fuego y deje que se enfríen en el almíbar.

5 Cuando vaya a servirlo, rellene con el arroz un molde de corona; desmóldelo en una fuente. Coloque por encima los albaricoques enteros cocidos en el almíbar y vierta la salsa en el centro y alrededor de la corona. Sírvalo fresco.

# Crepes con crema de limón

**Tiempo de preparación: 1 hora y 15 minutos**
**Para 6 personas**

**Masa para las crepes**
250 g de harina
25 cl de leche
25 cl de agua
2 cucharadas de azúcar en polvo
1/2 cucharadita de sal
2 cucharadas de aceite
3 huevos
1 cucharada de ron

**Para la crema**
4 limones
4 yemas de huevo
150 g de azúcar
1 cucharada de limoncello

- Prepare la masa de las crepes batiendo todos los ingredientes en la batidora hasta obtener una crema lisa y sin grumos. Cuélela por el colador de agujeros gordos. Deje que repose una hora.
- Mientras, prepare la crema exprimiendo el zumo de limón. Aparte ponga las yemas de huevo y el azúcar en una cacerola al baño María y bata con las varillas enérgicamente añadiendo el zumo de limón y el limoncello (puede sustituirlo por ron añejo). Siga batiendo hasta que la mezcla triplique su volumen y se vuelva esponjosa como un sabayón.
- Prepare las crepes poniendo dos sartenes pequeñas y antiadherentes con un poco de aceite o mantequilla a calentar y vaya haciéndolas.
- Enróllelas y sírvalas en un vaso donde habrá puesto en el fondo un poco de crema. Para que no se abran, pínchelas con un trozo de brocheta que facilitará el comerlas. También puede presentarlas de forma más clásica, emplatadas.

# Melocotones con miel

**Tiempo de preparación: 15 minutos**
**Para 4 personas**

1 lata de melocotón en almíbar
50 g de almendras en polvo
1 cucharada de azúcar glas
50 g de mantequilla o margarina
1/2 limón (el zumo)
4 cucharadas de miel líquida

- Escurra bien el contenido de la lata y ponga las frutas en una fuente de horno.
- Rellene los huecos de las mitades de melocotón con una mezcla hecha con la almendra en polvo, el azúcar glas y la mantequilla.
- Rocíe todo ello con 4 cucharadas de miel líquida mezclada con el zumo de limón y la mitad del almíbar de la lata.
- Introdúzcalo en el horno a gratinar y sáquelo en cuanto empiece a tomar color.

# *Crepes con peras*

**Tiempo de preparación: 1 hora 30 minutos**
**Para 6 personas**

**Para la masa de los crepes**
250 g de harina
2 huevos
1 cucharada de aceite
1 cucharada de licor de pera
Sal (un pellizco)
1 cucharada de azúcar (colmada)
10 cl de leche
10 cl de agua
Aceite para la sartén

**Para el relleno**
1 kg de peras
10 cl de vino blanco seco
1 clavo (de especia)
1 ramita de canela
Nuez moscada (un pellizco)
30 g de mantequilla o margarina
1 limón (la cáscara rallada)
150 g de azúcar en polvo

**Para la salsa**
3 naranjas
1 limón (el zumo)
10 g de mantequilla
5 cucharadas de agua

1 Prepare la masa de los crepes mezclando todos sus ingredientes en la batidora hasta que la mezcla esté uniforme y sin grumos, cuélela por el chino y déjela en una ensaladera cubierta con un paño fino para que repose una hora.

2 Mientra, prepare el relleno: pele las peras, quíteles el corazón y las simientes y corte su pulpa en dados.

3 En una cacerola de las de fondo grueso, ponga la mantequilla a derretir y eche los dados de pera, déles unas vueltas y agregue el vino blanco, el azúcar, la cáscara de limón rallada y las especias.

4 Tape y deje que cueza unos 20 minutos, destape y deje que se evapore el líquido.

5 Prepare la salsa: pele las naranjas y reserve las pieles, córtelas en tiras finas, quitándoles la parte blanca, y cuézalas en agua hirviendo un par de minutos. Monde la segunda piel más fina de las naranjas y corte su pulpa también en dados.

6 Ponga la mantequilla a derretir, añada los dados de naranja, el zumo de limón, las cucharadas de agua y el azúcar en polvo. Cueza todo junto 12 minutos y deje enfriar.

7 Vaya haciendo los crepes de uno en uno en una sartén pequeña ligeramente untada de aceite, rellénelos con la compota de manzana enróllelas y sírvalas acompañadas por la salsa de naranja.

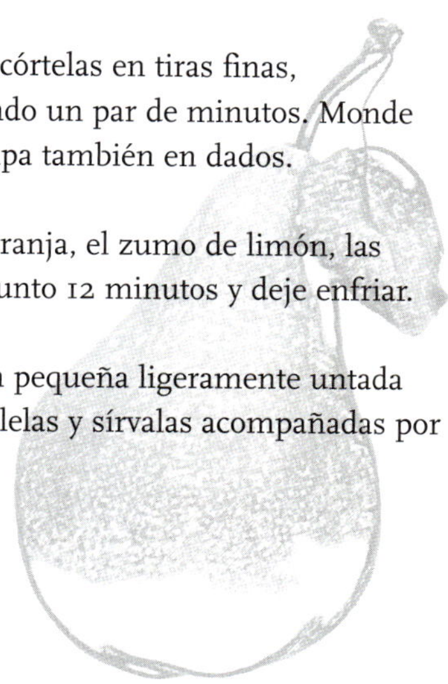

# Crepes suzette

**Tiempo de preparación: 1 hora y 15 minutos**
**Para unas 15 ó 20 unidades**

**Para la masa**
250 g de harina
2 huevos
1 cucharada de aceite fino
1 cucharada de ron
1 cucharadita de azúcar
10 cl de leche
10 cl de agua
Sal (un pellizco)

**Para la mantequilla de mandarina**
1 mandarina
50 g de mantequilla
1 cucharada de curaçao
50 g de azúcar en polvo

**Para flamear**
150 cl de curaçao

1 Eche todos los ingredientes de la masa de crêpes en la batidora y bata hasta que adquieran la consistencia de unas natillas espesas. Cuélelas por el chino si cree que puede quedar algún grumo. Pase la masa a una ensaladera, tápela con un paño y deje que repose en un lugar fresco al menos 1 hora.

2 Mientras, vaya preparando la mantequilla de mandarina. Mezcle la mantequilla, que deberá estar blanda, con el jugo y la cáscara rallada de la mandarina, el curaçao y el azúcar. Reserve.

3 Ponga a calentar dos sartenes (para mayor rapidez, pues mientras cuaja la cara de una, puede ir volviendo la otra) de unos 14 cm de diámetro con un chorrito de aceite.

4 Caliéntelas mucho e inclínelas un poco para que el fondo quede bien bañado en aceite. Escurra en un tazón el aceite sobrante (que volverá a utilizar en la próxima crepe) y, con un cazo, vierta un poco de masa en la sartén; incline ésta otra vez para que quede la crepe bien repartida en el fondo, deje que cueza y, cuando esté cuajada, déle la vuelta cogiendo la sartén por el mango, trayendo la crepe al borde de la sartén, dando un movimiento brusco para que salte en el aire y se vuelva.

5 Ponga una cacerola con agua muy caliente a fuego bajo (sólo para que conserve el calor el agua). Pose encima, a modo de tapadera, un plato llano, cúbralo con una hoja grande de papel de plata. Vaya poniendo ahí las crepes a medida que estén hechas. Al final, doble el papel y encierre en él las crepes. Así se conservarán calientes.

6 Cuando estén todas, úntelas con la mantequilla de mandarina.

7 Dóblelas en cuatro y vuélvalas a poner en una sartén ligeramente engrasada. Flaméelas con un poquito de curaçao y sírvalas bien calientes.

# Fresones al vino

**Tiempo de preparación: 15 minutos**
**Para 4 personas**

500 g de fresones
1 botella de vino tinto
25 cl de zumo de naranja
100 g de azúcar
1 clavo de especia
1 ramita de canela

- Ponga a calentar el vino junto con el zumo de naranja y el azúcar hasta que empiece a hervir. Retírelo del fuego y añada el calvo y la canela.
- Déjelo en infusión hasta que se enfríe del todo. Fíltrelo y repártalo fresco en copas.
- Lave y seque los fresones, córteles el rabo y, si fuesen demasiado grandes, córtelos por la mitad o en cuarto.
- Repártalos en las copas.

### Inés y Simone le aconsejan:

Puede suprimir el clavo y dar más aroma al vino añadiendo más ramitas de canela, pero no le recomendamos que ponga más de cuatro. Para decorar, puede poner unas hojas de menta fresca.

# Uvas y queso

**Tiempo de preparación: 15 minutos**
**Para 4 personas**

500 g de uvas gordas y blancas
1 lata de queso de untar a la pimienta

- Lave o pele las uvas y pártalas por la mitad, pero haciendo una hendidura que no llegue hasta el final.
- Saque las pepitas y un poco de carne y rellénelas con el queso.
- Pínchelas con un palillo y sírvalas bien frías como aperitivo.

# Goffres rápidas

**Tiempo de preparación: 25 minutos**
**Para 4 personas**

| | |
|---|---|
| 250 g de harina | 1 cucharadita o un sobrecito |
| 150 g de azúcar en polvo | de levadura en polvo |
| 100 g de mantequilla | Sal (un pellizco) |
| 3 huevos | Aceite |
| 50 cl de leche | |

- Ponga la leche a templar y, cuando esté templada, quítela del fuego metiendo en la leche la mantequilla en trocitos para que se derrita.
- Tamice la harina con la levadura, póngala en una ensaladera, haga un pozo en el centro y coloque en él el azúcar, lo huevos enteros y la sal. Remueva con una cuchara de madera comenzando por el centro para ir incorporando progresivamente la harina a los huevos.
- Antes de que la masa espese, añada poco a poco la mezcla de la leche y la mantequilla, trabajándola con vigor hasta obtener una masa lisa y sin grumos. Si fuera necesario, cuele esto por el chino.
- Ponga a calentar el aparato especial para hacer goffres y, cuando esté bien caliente, unte las placas con un poco de aceite con ayuda de un pincel.
- Coloque la masa, extendiéndola rápidamente en uno de los lados, llegando al ras de los agujeros. Cierre el aparato y deje que se haga de 2 a 5 minutos (dependiendo del modelo).
- Cuando la goffre esté bien dorada, despéguela con la ayuda de una espátula y póngala sobre una rejilla para que termine de enfriarse.
- Puede servir con nata montada, mermelada, salsa de chocolate, frutas, etc.

# Postre de chocolate

**Tiempo de preparación: 1 hora y 45 minutos**
**Para 6 personas**

| | |
|---|---|
| 125 g de chocolate rallado | 4 yemas de huevo |
| 125 g de mantequilla bien fresco | 4 claras de huevo |
| 125 g de almendras | Nata montada |
| 125 g de azúcar | |

- Mezcle el chocolate rallado con la mantequilla derretida.
- Aparte, triture finamente las almendras con el azúcar y añádalo a la mezcla anterior.
- Incorpore las 4 yemas de huevo y, en último lugar, las 4 claras batidas a punto de nieve.
- Vierta todo en un molde untado con mantequilla y cuézalo a fuego lento durante 90 minutos.
- Sáquelo y cuando se haya enfriado, recúbralo con nata montada.

# *Helado de chocolate relleno con pistachos*



**Tiempo de preparación: 40 minutos, más 5 horas de nevera**
**Para 6 personas**

1 l de helado de chocolate (belga o negro)

**Para el relleno**

5 yemas de huevo
110 g de azúcar
10 cl de agua
1 barrita de vainilla
20 cl de nata líquida espesa

**Para los pistachos caramelizados**

75 g de pistachos
75 g de azúcar

1 Media hora antes de comenzar a preparar este postre, ponga un molde de forma redondeada (media esfera) de 1 litro en el congelador. Pase el helado del congelador a la nevera para que se deshaga ligeramente. Cubra las paredes del molde con una buena capa de helado de chocolate y enfríelo en el congelador 15 minutos. Alise esta capa con ayuda de una espátula y vuelva a introducirlo en el congelador durante 1 hora.

2 Ponga el azúcar en una cacerola de hierro fundido, añada el agua justa para cubrir, deje cocer hasta que una gota de azúcar colocada en un cuenco con agua fría forme una bola ligeramente dura. Agregue los pistachos y remueva sin cesar. El azúcar se cristalizará y luego se volverá blanco, siga removiendo hasta que el azúcar empiece a caramelizar. Cuando los pistachos estén caramelizados, retírelos y colóquelos sobre una placa untada ligeramente con aceite y deje que se enfríe.

3 Mientras, prepare un almíbar en una cacerola agregando el azúcar al agua con la barrita de vainilla abierta en dos a lo largo y llévelo a ebullición. En cuanto el azúcar se derrita, retírelo del fuego y deje que se enfríe. Rasque la barrita de vainilla e incorpore sus granos al almíbar. Deshaga en ello poco a poco las yemas de huevo. Coloque esta mezcla al baño María a fuego medio y deje espesar sin dejar de batir con unas varillas.

4 Retire del fuego cuando la mezcla esté montada y espeso (unos 10 minutos). Ponga la cacerola sobre una ensaladera llena de agua con hielo. Bata hasta que se enfríe del todo a fin de obtener una mezcla bien esponjosa. Agregue a esto los pistachos caramelizados y la nata montada a punto de nieve firme.

5 Vierta esta mezcla en el molde tapizado con el helado de chocolate. Vuelva a introducirlo en el congelador unas 4 ó 5 horas.Unos 15 minutos antes de servirlo, saque el helado de la nevera y desmóldelo justo en el momento de servir. Puede decorarlo con algunos pistachos caramelizados reservados.

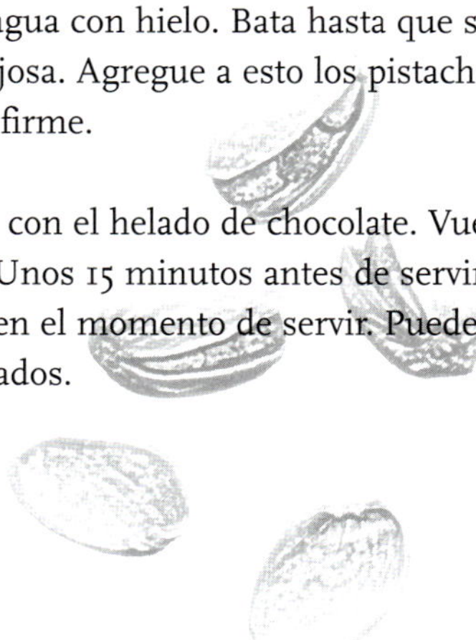

# Helado de fresones

**Tiempo de preparación: 15 minutos, más 24 horas en el congelador**
**Para 4 personas**

1 kg de fresones
300 g de azúcar
2 vasos de nata líquida

- Triture en la batidora los fresones (reservando algunos para la decoración) con 200 g de azúcar y deje reposar un par de horas en un sitio fresco.
- Cuele el puré obtenido para retirar las pepitas de los fresones. Añada el azúcar restante y la nata líquida. Mezcle bien y bátalo e introdúzcalo en el congelador.
- Cuando esté a medio cuajar, sáquelo, vuelva a batirlo e introdúzcalo en un molde con forma y llévelo de nuevo al congelador 24 horas.
- Unos 10 minutos antes de servir, sáquelo del congelador y desmóldelo.
- Adórnelo con unos fresones alrededor. Si ve que no se desmolda bien, introduzca el fondo del molde en agua caliente y luego proceda a desmoldarlo.

# Plátano y manzana fritos

**Tiempo de preparación: 15 minutos**
**Para 4 personas**

2 plátanos
2 manzanas
1 limón (el zumo)
1 huevo
4 cucharadas de maicena
4 cucharadas de azúcar
2 cucharadas de agua
Aceite para freír

- Pele los plátanos y las manzanas y rocíelos con el zumo de limón. Corte los plátanos en trozos y las manzanas en rodajas o medias rodajas, quitándoles el corazón.
- En un cuenco, mezcle el huevo batido con la maicena y un poco de agua. Reboce en esta mezcla los trozos de fruta y fríalos en aceite caliente hasta que estén doraditos. Escúrralos muy bien en papel absorbente y resérvelos en un plato.
- En un cazo, eche el azúcar y el agua y deje que cueza hasta que se forme como un almíbar color caramelo claro.
- Rocíe con el almíbar los trozos de fruta frita y sírvalo bien caliente.

# Higos con su helado

**Tiempo de preparación: 15 minutos, más 3 horas de congelador**
**Para 4 personas**

8 higos frescos
4 cucharadas de miel
**Para el helado**
1 kg de higos frescos
500 g de azúcar
100 g de nueces peladas
250 g de nata montada
1 ramita de vainilla
20 cl de agua

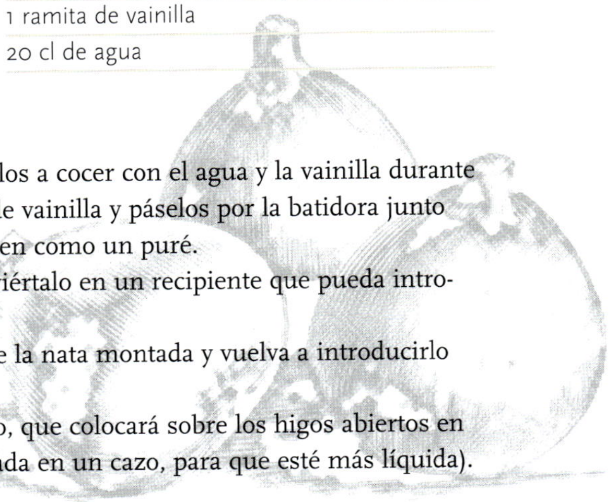

- Prepare el helado pelando los higos y poniéndolos a cocer con el agua y la vainilla durante 5 minutos. Retírelos del fuego, quite la ramita de vainilla y páselos por la batidora junto a las nueces, el agua y el azúcar hasta que queden como un puré.
- Cuélelo, para eliminar el resto de simientes, y viértalo en un recipiente que pueda introducirse en el congelador.
- Cuando esté a medio congelar, sáquelo, agregue la nata montada y vuelva a introducirlo en el congelador hasta que termine de helarse.
- En el momento de servir, forme bolas de helado, que colocará sobre los higos abiertos en cuatro y rociados con miel (previamente calentada en un cazo, para que esté más líquida).

# Plátanos flambeados

**Tiempo de preparación: 10 minutos**
**Para 4 personas**

4 plátanos grandes
2 cucharadas de licor de naranja, de plátano o curaçao
5 cl de ron o coñac
50 g de mantequilla o margarina
4 cucharadas de azúcar
20 cl de zumo de naranja
1/2 limón (el zumo)
2 cucharadas de almendras tostadas o garrapiñadas picadas
4 raciones de helado de vainilla

- Corte los plátanos (después de pelados) en dos, a lo largo. En una sartén, ponga la mantequilla a derretir y, una vez líquida, dore despacio los plátanos, a fuego lento, y volviéndolos de vez en cuando, procurando no romperlos.
- Espolvoréelos con el azúcar, déjelos cocer así un poco más y rocíelos con el zumo de naranja y el del medio limón. Cuando vea que se ha hecho almíbar, añada el licor escogido. Cuézalo un par de minutos y eche el ron o el coñac.
- Vuelque un poco la sartén para que el líquido se caliente bien y prenda más fácilmente.
- Una vez flambeados ligeramente, los plátanos ya están listos. Para servir, espolvoréelos con las almendras picadas. También puede acompañarlos con una bola de helado de vainilla.

# Melocotones con helado y salsa de fresón

**Tiempo de preparación: 40 minutos, más 24 horas de nevera**
**Para 4 personas**

4 melocotones grandes
75 cl de vino blanco (más o menos)
**Para el helado**
4 plátanos bien maduros
10 cl de leche
3 cucharaditas de leche condensada
1/2 limón (el zumo)
2 claras de huevo
250 g de nata montada
**Para la salsa**
200 g de fresones
2 cucharadas de azúcar
1/2 limón (el zumo)
30 g de almendras en láminas

1 Prepare el helado: pele y corte en trozos los plátanos y batiéndolos en la batidora junto con la leche, la leche condensada y el limón hasta conseguir una crema fina. Añada la nata montada y, al final, las claras montadas a punto de nieve firme e incorporadas con cuidado. Introdúzcalo en el congelador 24 horas antes.

2 Al día siguiente, pele con un cuchillo bien afilado los melocotones y quíteles el hueso central. Póngalos en una cacerola amplia, espolvoréelos con el azúcar y rocíelos con el vino, que deberá cubrirlos bastante.

3 A partir de cuando rompa el hervor, cuézalos a fuego lento durante unos 30 minutos. Apártelos del fuego y sáquelos.

4 Córteles una lonchita de abajo para que se asienten bien, prepare la salsa batiendo los fresones con el zumo de limón y el azúcar.

5 Cuélelo para quitar las simientes y añádales el jugo de cocer los melocotones, rellene los melocotones con una bola de helado y ponga alrededor un poco de salsa, que puede adornar con unas láminas de almendra.

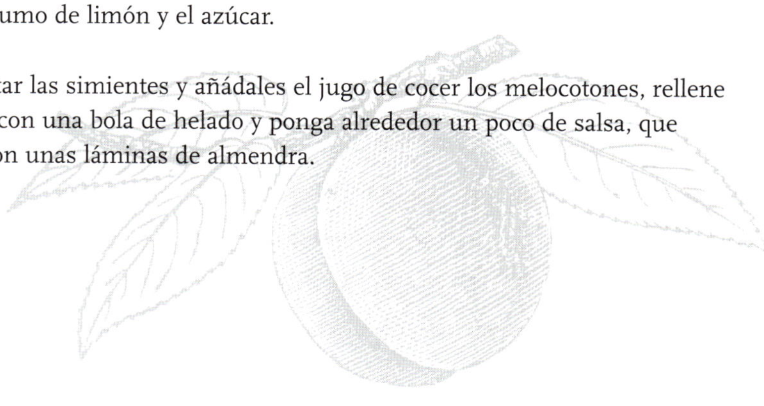

# Merengues

**Tiempo de preparación: 2 horas, más 20 minutos**
**Para 4 personas**

4 claras de huevo
250 g de azúcar glas
Vainilla en polvo (un pellizco)

- Caliente el bol donde vaya a montar las claras, poniendo agua caliente dentro. Encienda el horno a la temperatura mínima y guarnezca la chapa del horno con papel de plata.
- Desocupe el bol de su agua, séquelo y eche rápidamente las claras para batirlas a punto de nieve muy firmes. Una vez bien firmes, añádales la vainilla y el azúcar en varias veces.
- Con una cuchara de tamaño adecuado para hacer los merengues del tamaño deseado, ponga montoncitos en el papel de plata (proceda rápidamente para que no se enfríe la chapa).
- Introduzca de nuevo la chapa en la parte baja del horno y deje que se hagan los merengues durante unas 2 horas.
- A veces es conveniente, casi al final de su cocción, darles la vuelta. Podrá desprenderlos fácilmente gracias al papel de plata.

# Piña rellena con crema de yogur y nata

**Tiempo de preparación: 15 minutos**
**Para 4 personas**

1 piña grande
2 yogures naturales
100 g de nata montada
3 claras de huevo
250 g de fresones
20 g de azúcar glas
Sal

- Parta la piña por la mitad y, sobre una ensaladera, vacíe de su pulpa estas dos mitades para recoger el zumo que pudiera caer (puede mezclarlo con igual cantidad de ron y crema de coco para preparar un cóctel). Pase la pulpa por la batidora hasta obtener un puré espeso.
- Aparte, monte las claras a punto de nieve firme con sal (un pellizco) y, cuando empiecen a estar montadas, añádales el azúcar y siga batiendo hasta que quede bien incorporada.
- Mezcle el puré de piña con los yogures y la nata montada. Luego, incorpórele con cuidado las claras a punto de nieve.
- Lave y quite los rabos a los fresones y pártalos por la mitad o en más trozos, si fuesen demasiado gordos. Rellene las mitades de la piña con los fresones y luego cúbralas con la mezcla de puré de piña. Déjelas en la nevera hasta el momento de servir.

# Pestiños

**Tiempo de preparación: 30 minutos**
**Para 4 personas**

250 g de harina
25 cl de aceite
1 copa de anís
10 cl de vino blanco seco
10 cl de vino dulce
Miel (para rociarlos)

- En un cazo, caliente el aguardiente, los vinos y media taza de aceite.
- Incorpore todos estos ingredientes, calientes, a un recipiente con harina, y amase bien hasta obtener una masa espesa y suave.
- Cuando esté en su punto, enharine y rebaje con un rodillo.
- Corte después esta pasta en tiras, retuérzala en forma de tirabuzón y fríalas en una sartén con aceite abundante y muy caliente.
- Cuando estén listos, presente los pestiños en una bandeja rociados con la miel.

# Buñuelos bruselenses

**Tiempo de preparación: 50 minutos**
**Para 4 personas**

**Para la masa**
300 g de harina
20 cl de leche fría
3 cucharadas de aceite fino
3 cucharadas de vino blanco
1 cucharadita de canela en polvo
1 cucharada de azúcar
1 cucharadita de levadura
Sal (un pellizco)

**Para el relleno**
4 manzanas Reineta medianas
5 cucharadas de agua
3 cucharadas de azúcar
1/2 limón
1 l de aceite para freír

- Pele las manzanas enteras y vacíe los centros con un aparato especial para ello. Córtelas en redondeles de unos 5 mm de grosor y frótelos con medio limón para evitar que se ennegrezcan al contacto con el aire.
- Mezcle el agua con el azúcar, introduzca en ella las rodajas de manzana y déjelas reposar al menos 30 minutos.
- Mientras, prepare la masa: ponga en una ensaladera la harina y la sal mezcladas, vierta en el centro el vino, el aceite, la canela y el azúcar, revuelva todo junto con una cuchara de madera y vaya agregando la leche fría. Deje reposar 30 minutos, sin ponerle la levadura.
- En el momento de hacer los buñuelos, caliente el aceite en una sartén honda y amplia. Tenga las manzanas escurridas sobre un paño (para secarlas por las dos caras). Añada la levadura a la masa, incorpore las rodajas de manzana, una por una, y fríalas.
- Cuando estén doradas, sáquelas, escúrralas en un colador grande y sírvalas calientes.

# Sorbete de melón

**Tiempo de preparación: 30 minutos, más 4 horas en el congelador**
**Para 4 personas**

750 g de melón (sin corteza)
1 limón (el zumo)
250 g de azúcar moreno
2 claras de huevo
20 cl de agua
1 copa de ron

- Ponga en un cazo el azúcar junto con el agua a cocer y haga con ello un almíbar ligero. Deje que se enfríe.
- Quite las pipas y trocee el melón y bátalo en la batidora junto con el zumo de limón hasta obtener un puré, y seguidamente, añada el almíbar poco a poco y sin dejar de batir.
- Introduzca esto en el congelador y, cuando esté a medio helar, sáquelo, bátalo de nuevo y añádale las claras de huevo previamente batidas a punto de nieve firme y la copa de ron.
- Vuelva a introducirlo en el congelador hasta que vuelva a congelarse. Antes de servirlo, remuévalo un poco para eliminar los cristales de hielo que se pudieran haber formado y sírvalo en la corteza de melón partida por la mitad.
- Para esta receta resultan ideales los melones pequeños o los franceses Cantaloup, de carne naranja y muy sabrosa.

# Bizcocho de claras de huevo

**Tiempo de preparación: 60 minutos, más el tiempo de nevera**
**Para 6 personas**

6 claras de huevo
200 g de azúcar
150 g de maicena
100 g de mantequilla
Mantequilla y harina para el molde
Vainilla en polvo (un pellizco)
Sal

- Monte las claras muy firmes de tres en tres con una pizca de sal (para que suban más).
- Júntelas en una ensaladera y añada, alternando cada vez, una cucharada de azúcar y otra de maicena. Al final, agregue la mantequilla ligeramente derretida y un pellizco de vainilla en polvo.
- Unte con mantequilla un molde de pastel y espolvoree con harina. Vierta la masa dentro y llévela al horno previamente calentado unos 5 minutos. Hornee a temperatura media durante 50 minutos, más o menos.
- Retírelo del horno y, cuando esté templado, vuélquelo encima de una rejilla para que termine de enfriarse.

# Índice de recetas